SOLOS EN TONOS DE ACORDE PARA GUITARRA JAZZ

Domina los solos basados en apegios para la guitarra de jazz

JOSEPH ALEXANDER

FUNDAMENTAL CHANGES

Solos en tonos de acorde para guitarra jazz

Domina los solos basados en apegios para la guitarra de jazz

Edición en español

Publicado por **www.fundamental-changes.com**

ISBN: 978-1910403563

Derechos de autor © 2019 Joseph Alexander

Traducido por: María Julieta Pallero

El autor ha declarado su derecho moral.

www.fundamental-changes.com

Contents

Prólogo

Los solos en la guitarra de jazz pueden ser un asunto complejo, especialmente cuando se trata de llevarlos a cabo sobre los cambios de acorde.

A diferencia de las canciones de pop moderno, los "estándares" de jazz suelen cambiar la tonalidad muchas veces en el espacio de sólo un coro. Este nivel de complejidad armónica puede forzar al solista a navegar a través de un campo minado de conceptos teóricos mientras intenta encontrar algo musical y creativo para tocar. Lo habitual es que pensar demasiado mientras tocas se convierte en el mayor obstáculo para la creatividad espontánea.

También es cierto, sin embargo, que para poder tocar la nota justa en el momento indicado, el solista debe conocer los cambios de acorde a la perfección. Un entendimiento profundo de cómo la canción está construida es esencial si deseas que los solos fluyan libre y creativamente.

Encontrar el balance entre un enfoque de improvisación cerebral y uno verdaderamente espontáneo es uno de los desafíos más importantes que cualquier músico de jazz debe enfrentar.

Junto con la comprensión y memorización de una progresión armónica de jazz, los guitarristas a menudo se encuentran con un desafío adicional y específico del instrumento: el desafío de aprender a tocar los acordes, escalas y arpegios correctos *a través de todo el mástil*. A diferencia del piano, puede haber muchas formas diferentes de aprender un solo arpegio.

Aprender a tocar tocas las formas de arpegio y escalas para un solo acorde es lo suficientemente desafiante, y esta tarea se pone peor cuando consideras que los acordes raramente son tocados de forma aislada. Cuando realizas un solo por dos o más acordes en una secuencia, puede comenzar a parecerte que estás caminando sobre melaza.

Habiendo cientos de *estándares* de jazz para aprender, encontrar un punto por donde comenzar puede ser una tarea difícil cuando se trata de aprender a realizar solos con la guitarra.

Por supuesto, si hacer solos de jazz fuera visto realmente en estos términos, nadie se atrevería jamás a tocar una nota. La respuesta a todos estos desafíos es simplificar nuestra manera de pensar y encontrar los puntos comunes que forman la base de la mayoría de las progresiones de jazz.

La primera cosa que debes saber sobre el jazz es que realmente no hay tantas progresiones de acordes de jazz como podrías imaginar. Aunque hay cientos de canciones de jazz, muchas de ellas utilizan secuencias de acordes increíblemente similares. Por ejemplo, durante el período del bebop era común que intérpretes tales como Charlie Parker y Dizzy Gillespie escribieran nuevas melodías sobre los mismos cambios de acorde como canciones existentes.

Las melodías de *Anthropology* (Parker/Gillespie), *Moose the Mooche* (Parker) y *Oleo* (Rollins) están tocadas en los cambios de acorde de *I Got Rhythm* (George Gershwin).

Durante el período del bebop, el jazz probablemente estaba en su momento más complejo en términos de navegar a través de progresiones de acorde difíciles. Los períodos del *hard bop* y el *modal* que siguieron fueron *generalmente* menos armónicamente complejos; lo que, a su vez, les permitió a los solistas ser más aventureros melódicamente. Obviamente, siempre habrá excepciones a esta regla, más notablemente en algunas formas de jazz fusión y también en el período de *Giant Steps* de John Coltrane.

Este libro examina y te enseña a realizar solos sobre las 13 progresiones de acordes que ocurren más comúnmente y que forman la columna vertebral del jazz.

No puedo decir que este libro cubre *cada* secuencia de acorde con la que te cruzarás a lo largo de tu carrera como solista de jazz, pero las progresiones de acordes abordadas en estas páginas ocurrirán una y otra vez en tus estudios. Estas estructuras comunes forman la base de toda la música de jazz.

Ahora que hemos acotado el enfoque de nuestro estudio a solo las trece progresiones de acordes de jazz más comunes, podemos volver nuestra atención a algunos de los desafíos específicos de la guitarra.

La mayor prioridad de cualquier músico debería ser simplemente *hacer música*. Olvidando por un minuto todas las complejidades de hacer solos de jazz; si hubiera una manera simple de crear una melodía memorable con una progresión armónica, ¿no debería ser ese el punto de partida más obvio?

A veces, las secuencias de acordes de jazz pueden ser abordadas utilizando solo una escala "madre". Por ejemplo, todos los acordes en la siguiente secuencia pertenecen a la tonalidad de Bb mayor:

Puedes realizar un solo por toda esta progresión utilizando la escala de Bb mayor, y la mayoría de las notas en Bb mayor sonarán bien en cualquier punto de la progresión. Este enfoque es bastante común en la música pop y rock.

El problema de un enfoque basado en escalas es que el jazz (y específicamente el bebop) no suelen formar sus melodías en torno a escalas. Por el contrario, éste tiende a ver cada acorde como una unidad separada y las improvisaciones se basan en torno al *arpegio* de cada acorde más en que la "escala madre" de la progresión.

Un arpegio consiste simplemente en las notas de un acorde particular tocado en secuencia más que todo a la vez. Puedes pensar en tocar un arpegio como la articulación de las sílabas de los acordes uno por uno, de la misma forma en que un niño podría pronunciar la palabra "di-no-sau-rio". Cuando tocas un arpegio estás pronunciando los acordes en tu solo y articulando su sonido único.

Los arpegios son la base de los solos de jazz y hay muchas formas de conectar diferentes arpegios en una secuencia de acordes. Es el *targeting (focalización)* de las notas de arpegio sobre los acordes cambiantes lo que forma la columna vertebral del solo de jazz.

Piensa en los arpegios como el esqueleto del solo de jazz, y las escalas y sustituciones pueden ser utilizadas como la carne y características que se agregan al esqueleto para agregar interés y originalidad humana al solo.

Este libro te enseña a conectar los arpegios con las progresiones de acordes más comunes en el jazz, junto con algunas sustituciones importantes y algunos tips y trucos para que puedas realizar un solo de manera más simple y creativa.

Aunque todos los acordes en una secuencia puedan pertenecer a una escala madre, los arpegios son las herramientas que nos ayudan a tocar las notas correctas de la *escala* en el *acorde* correcto.

Refiriéndonos al diagrama anterior, la escala madre de Bb mayor contiene todas las notas de los arpegios de Cm7, F7 y BbMay7, como se muestra en la siguiente tabla.

Escala de Bb mayor: Bb C D Eb F G A

Acorde	Notas de arpegio			
Cm7	C	Eb	G	Bb
F7	F	A	C	Eb
BbMay7	Bb	D	F	A

Como puedes ver, las notas de arpegio de cada acorde están todas contenidas dentro de la escala madre de Bb mayor, pero cada acorde sólo contiene una selección de cuatro notas.

Las notas que pertenecen a cada arpegio suenan más fuertes/seguras cuando se tocan sobre su propio acorde. Por ejemplo, la nota Eb suena estable cuando se toca sobre un acorde Cm7, pero si estuvieras tocando un Eb sobre un acorde BbMay7, escucharías un pequeño estruendo que necesitaría resolverse.

Cuando practicas un solo con arpegios sobre los cambios de acorde, estás aprendiendo a *escuchar* y *ubicar* las notas más fuertes de cada acorde. Así como aprendes a "tocar los cambios" en la guitarra, también estás aprendiendo a escuchar cómo estas *notas "objetivo"* suenan y se sienten. Una vez que hayas internalizado estos sonidos fuertes, tus líneas melódicas comenzarán a inclinarse hacia ellos en tus solos de una manera natural.

Esta técnica de targeting (focalización) de las notas cambiantes en una progresión armónica es llamada *"aplicar los cambios"*. Por supuesto, a medida que mejoras y te desarrollas como músico, podrías decidir que te agradan las notas "objetivo" y las que "no son de arpegios". Sin embargo, ese tipo de control y discreción musical siempre se construyen sobre la habilidad de escuchar y tocar cambios fuertes y basados en arpegios en tu instrumento.

Con la suficiente práctica de arpegios se vuelve sencillo usar escalas de una forma creativa y dirigida. Entrenando tus oídos con arpegios, siempre serás llevado natural e inconscientemente hacia las notas más fuertes en cada acorde, y desarrollarás una gran libertad melódica en tus solos.

Uno de los desafíos únicos para la guitarra consiste en que existen muchas formas de tocar las mismas escalas, arpegios y acordes en el diapasón. Esto podría crear la sensación de que deberías ser capaz de tocar cualquier estructura en cualquier lugar del mástil. Esta es una idea equivocada y es simplemente falsa, especialmente cuando recién estás comenzando.

Mientras que el dominio total del diapasón es un gran objetivo, debería ser una meta de muy largo plazo. Aún los mejores guitarristas de jazz suelen apegarse a sus áreas favoritas del mástil. Por supuesto, hay algunos guitarristas increíbles que pueden tocar literalmente cualquier cosa en cualquier lugar del diapasón, pero esto es el resultado de años de estudio dedicado.

Recuerda que la meta de la práctica es hacer música de manera rápida y sin esfuerzo. La meta es *no* empantanarse en cada modificación concebible del diapasón.

Si has leído alguno de mis otros libros, sabrás que soy un gran fanático del Sistema CAGED. El sistema CAGED te da cinco formas o digitaciones de cualquier acorde, escala o arpegio que cubrirá completamente el mástil.

Cuando estés aprendiendo a realizar solos con guitarra de jazz, es muy recomendable que aprendas cada progresión en solo *un* área del mástil para comenzar. Domina los cambios solo en esa única área, porque lo que realmente estás hacienda es entrenar tus oídos para *escuchar* los cambios.

Tu musicalidad se desarrollará rápidamente y pronto comenzarás a permitirles a tus dedos que se dejen llevar por tus oídos.

Si puedes internalizar el sonido de una progresión armónica completa en una posición en la guitarra, te será mucho más sencilla la transición a otras áreas del diapasón. Este enfoque centrado te ayudará a desarrollar enormemente tus oídos y una confianza suprema al momento de aplicar los cambios en esa área inicial del diapasón. Esto te permite agregar rápidamente todos los otros aspectos melódicos del jazz que hacen que la música cobre vida.

Cada una de las trece secuencias de acordes fundacionales en este libro se enseña en un área del mástil. Todo el concepto consiste en que tú domines una posición antes de pasar a la siguiente. A medida que el libro avanza, descubrirás que estás siendo empujado a utilizar diferentes patrones de digitación y cubrir más del diapasón.

En cierto sentido, este libro se pone más complejo armónicamente a medida que progresas pero, por otro lado, comienza a hacerse más sencillo mientras descubres que estás volviendo a aplicar muchas de las formas de acordes, arpegios y escalas que ya has aprendido.

Las secuencias de acordes en este libro representan la mayoría de las progresiones con las que te cruzarás como guitarrista de jazz. De todas formas, éstas progresiones sólo deberían ser tratadas como ejercicios aislados que te ayudan a apuntarle a las notas definitorias de cada acorde y aprender las ideas cromáticas y rítmicas que forman la base de un solo de guitarra de jazz.

Este libro debería ser usado en conjunto con otros enfoques tradicionales para el aprendizaje de los solos de jazz. Estos incluyen, pero no se limitan a:

- Escuchar a grandes instrumentalistas del jazz

- **Aprender la melodía de la canción en la que estás trabajando**

- Aprender transcripciones de solos

- Transcribir solos

- Consultar libros de licks o vocabulario

- Tocar con otros músicos de jazz

Este libro te ayuda a dominar las habilidades del diapasón y las progresiones esenciales en el bebop mientras te enseña a agregar todas las *notas de aproximación cromática* y las técnicas en guitarra de jazz que te pondrán a tocar de una forma mucho más similar a un sonido de jazz auténtico.

No olvides descargar los audios de acompañamiento gratuitos en **www.fundamental-changes.com/ download-audio/**

Puedes tocar dos veces las imágenes en Kindle para agrandarlas.

Consigue el audio

Los archivos de audio de este libro están disponibles para descarga gratuita en **www.fundamental-changes. com** y el link está en la esquina superior derecha. Sencillamente selecciona el libro con este título en el menú desplegable y sigue las instrucciones para conseguir el audio.

Te recomendamos que descargues los audios directamente en tu computadora y no en tu Tablet, y los extraigas allí antes de agregarlos a tu biblioteca multimedia. Luego puedes ponerlos en tu Tablet, iPod o grabarlo en un CD. En la página de descarga hay un archivo PDF de ayuda, y también te proporcionamos soporte técnico a través del formulario de contacto.

Para ver más de 200 lecciones gratuitas de guitarra con video:

www.fundamental-changes.com

Twitter: @guitar_joseph

FB: FundamentalChangesInGuitar

Instagram: FundamentalChanges

Cómo utilizar este libro

Este libro separa los trece grupos de cambios de acorde más comunes en el jazz, y te enseña a realizar solos con ellos utilizando los arpegios y las adiciones cromáticas más apropiadas.

El lenguaje técnico del jazz puede ser bastante abrumador al principio, pero no te preocupes. Cada concepto en este libro será presentado de manera lenta y musical con muchos ejemplos. La siguiente sección te proporciona un resumen breve de cómo funciona este libro. Cualquier cosa que suene compleja será enseñada de manera muy clara y directa.

Cada capítulo comienza dándote la progresión armónica que debes estudiar junto con ejemplos de dónde pueden ser encontrados en la música y algunas sugerencias de audios. Todos los puntos importantes de teoría son proporcionados, junto con centros clave y un breve análisis de los cambios.

Cada ejemplo de estudio se enseña en una posición de la guitarra y este debería ser tu único enfoque para comenzar. Al final del capítulo habrá otras posiciones para explorar una vez que hayas dominado las sugerencias iniciales.

Lo más importante y más beneficioso que puedes hacer cuando aprendes a realizar un solo sobre cambios de acorde es internalizar el *sonido* de la progresión. Esto puede ser logrado tocando a través de las formas de acordes y aprendiendo todo en detalle en sólo una posición de la guitarra. Toca junto con las pistas de acompañamiento para ayudarte con tu tiempo y sensación musical.

Descubrirás que los conceptos son mucho más sencillos de aplicar a otras posiciones si primero puedes oír y *escuchar* los cambios. Muchos grandes solos usan solamente la primera posición de la escala pentatónica menor porque funciona muy bien. Aprender a realizar solos sobre los cambios en una posición es suficiente trabajo por ahora.

El capítulo comienza mostrando las formas de acordes apropiadas que debes utilizar. Una vez que estos acordes hayan sido dominados, se muestran los arpegios correctos construidos alrededor de estos acordes. Dependiendo de tu nivel, tu primer trabajo podría ser memorizarlos.

La mejor estrategia para aprender a realizar solos sobre cambios es enfocarse en áreas muy pequeñas del diapasón. Por ejemplo, el progreso será mucho más rápido si te enfocas en cómo las notas de arpegio difieren entre los acordes sobre un grupo de dos cuerdas.

Muchos ejercicios y ejemplos musicales son dados en cada capítulo, ¡aunque debería resaltarse que éstos son sólo el punto de partida! Tu trabajo consiste en encontrar tantas rutas entre las notas de arpegio como te sea posible. Existe un número ilimitado de formas de navegar a través de los cambios de acorde, y estas serán tratadas en profundidad en cada capítulo.

Practica cada secuencia usando negras (una nota por pulso) y usa las pistas de acompañamiento para ayudarte. Son deliberadamente muy lentas. Apégate a pequeñas áreas del diapasón e intenta agotar las posibilidades que tienes disponibles.

A medida que ganas más confianza, introduce algunas corcheas y luego combina negras y corcheas. No te preocupes: muchos ejemplos musicales te serán proporcionados a lo largo del camino.

La siguiente etapa de tu desarrollo consiste en introducir algunas notas cromáticas. Piensa en esta etapa como una en la que "unes los puntos". De nuevo, esto será explicado con detalle en cada sección, pero la idea básica es la de agregar notas que junten a los arpegios de manera tan fluida y melódica como sea posible.

Hay muchos ejercicios extra dados en el capítulo 15 que pueden ser aplicados a cada progresión armónica en este libro. Estos ejercicios podrían apuntar a un intervalo específico de cada arpegio, combinar intervalos, darte un concepto rítmico o hasta ponerte a tocar fuera de los tonos de los acordes originales. Este tipo de práctica mejora tu habilidad en el diapasón y tu entendimiento musical, a la vez que te ayuda a internalizar aún más el sonido de la progresión.

Sustituciones de arpegio

En el jazz es posible (y normal) tocar diferentes arpegios *sustitutos* sobre un acorde. Las *sustituciones* introducen adiciones ricas en sonido al acorde original, tales como 9nas, 11ras o 13ras. La sustitución más común en el jazz consiste en tocar un nuevo arpegio que comience desde la 3era del acorde original. Este concepto está explicado y tratado en profundidad en el capítulo 1.

Cada progresión en este libro contiene al menos un acorde de séptima dominante *funcional*. Un acorde de séptima dominante funcional es uno que se resuelve en un acorde tónico, por ejemplo, F7 a BbMay7. Los acordes de séptima dominante funcional abren la posibilidad a un gran rango de arpegios diferentes para tocar sobre ellos. La más importante de estas *sustituciones dominantes* será presentada de manera gradual a lo largo de todo el libro. Algunas veces, estas sustituciones tienen nombres bastante aterradores/geniales como "la sustitución tritonal". No dejes que el nombre te desaliente, el concepto es bastante simple.

En la música, los acordes de séptima dominante son normalmente un punto de tensión en la canción. Debido a que son tensos y se van a resolver rápidamente en otro acorde, los músicos de jazz están contentos de agregar una tensión *extra* a estos acordes dominantes.

Se les proporciona una tensión extra a los acordes de séptima dominante agregando *alteraciones cromáticas* a su armonía original. Por ejemplo, la secuencia F7 a BbMay7 podría igualmente ser tocada como F7b5b9 a BbMay7. Los solistas introducen este tipo de *tensión alterada* en la melodía utilizando sustituciones de arpegio inteligentes en lugar del acorde F7 original.

Siempre que se presenta una nueva sustitución, hay una explicación completa y muchos ejemplos musicales adjuntos para ayudarte a incorporarlas naturalmente a tu interpretación. Es importante recordar que todas estas sustituciones inteligentes de arpegios son simplemente *opciones*. La única forma de juzgarlas es probarlas y, si no te gustan, puedes descartarlas por el momento.

Dejando las sustituciones complejas de lado, si eres nuevo en los solos de jazz, tu prioridad absoluta es dominar los arpegios de primer nivel (fundamental a séptima) sobre cada grupo de cambios. Una vez que estos arpegios estén dominados, puedes entonces comenzar a introducir notas cromáticas y sustituciones a tu interpretación del arpegio.

El 75% de un solo de bebop está basado en los primeros arpegios que se enseñan en cada capítulo. Deberías, definitivamente, pasar la mayoría de tu tiempo aprendiéndolos. Quizá un 20% del solo usará arpegios sustitutos simples, y quizá un 5 % usará las ideas más complejas que se enseñan más adelante en el libro. Usa tu tiempo de práctica con sabiduría.

¡Diviértete!

Joseph

Capítulo 1 – ii V I mayor

Esta progresión puede ser escuchada en la *pista de acompañamiento 1*.

Centro tonal: Bb mayor.

Escala madre: Bb mayor.

La progresión mayor ii V I es la base sobre la que el jazz está formado. Puede ser oída en casi todas las canciones desde el período tardío de swing en adelante. Es importante saber que, en el jazz, el acorde iim7 fue una adición levemente posterior y tuvo más popularidad durante el período del bebop. Durante casi toda la época del swing, esta progresión armónica se escribía comúnmente como V I. El acorde ii fue agregado por los intérpretes de bebop para proporcionar opciones de solos adicionales sin afectar la tonalidad de la progresión.

Algunas buenas canciones que se usan como caballo de batalla y que contienen la secuencia de ii V I mayor son:

- *Blue Bossa*

- *Tune Up*

- *Autumn Leaves*

- *Perdido*

- *All the Things You Are*

Junto con muchas otras.

El proceso que aprenderás en este capítulo será repetido en cada capítulo siguiente utilizando cambios de acorde diferentes. No te apures durante los pasos siguientes, porque el trabajo que llevas a cabo ahora te ayudará a construir un entendimiento profundo y una sensación musical para los cambios de acorde más comúnmente tocados en la música.

Comienza aprendiendo la progresión armónica y las formas de acordes.

Memoriza estas formas de acordes y tócalas con la *pista de acompañamiento 1*. Estos acordes forman "anclas" visuales para todo lo que viene a continuación en este capítulo.

Los siguientes arpegios son los que necesitas saber para realizar un solo sobre cada acorde de a uno por vez. Nota cómo están construidos en las figuras de acorde anteriores. Intenta visualizar cada forma de acorde a medida que tocas cada arpegio hacia arriba y abajo.

Arpegios en posición uno:

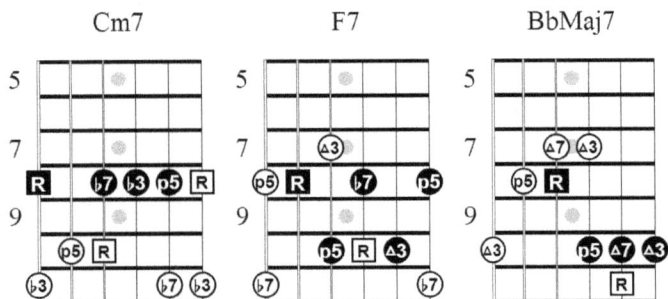

Cm7   F7   BbMaj7

Usa los siguientes pasos para ayudarte a memorizar cada forma de arpegio. Antes de cada paso, *toca el acorde asociado a cada arpegio (que aparece en negro)*.

- Toca el arpegio ascendiendo desde la nota fundamental. La fundamental se muestra con el punto cuadrado negro.

- Toca el arpegio ascendiendo desde la nota más baja en la sexta cuerda (bajo).

- Toca el arpegio descendiendo desde la nota más alta en la primera cuerda (alto).

- Asciende y desciende el arpegio desde la nota más baja hasta la más alta.

- Repite el paso anterior, pero esta vez di el nombre de cada intervalo en voz alta a medida que lo tocas. Por ejemplo, para el arpegio Cm7 anterior, di: "Fundamental, bemol tres, cinco, bemol siete".

Cuando puedas tocar cómodamente estos arpegios, prueba uniendo a los tres arpegios usando los siguientes pasos (no necesitas tener memorizada cada forma todavía, está bien leerlos del papel).

- Asciende cada arpegio de a uno por vez desde la fundamental. Toma un pequeño descanso entre cada arpegio.

- Asciende cada arpegio de a uno por vez desde la nota más baja en la sexta cuerda.

- Desciende cada arpegio de a uno por vez desde la nota más alta en la primera cuerda.

- Asciende el primer arpegio desde la nota más baja, desciende el segundo desde la nota más alta y luego asciende el tercero desde la nota más baja.

- Invierte el paso anterior.

Sé creativo con tus ejercicios y encuentra nuevas formas de memorizar estas formas de arpegios. Aún escribir los arpegios de memoria puede ser muy beneficioso si no tienes una guitarra a mano.

Cuando te sientas confiado será hora de comenzar a tocar algunos ejercicios para apuntarle a los cambios de acorde. La primera tarea es enfocarse en una pequeña parte de la guitarra y encontrar tantas formas de cambiar de un arpegio a otro como sea posible.

Utilizando la *pista de acompañamiento 1*, comienza aislando a las dos cuerdas más altas de la guitarra y toca cuatro notas de cada arpegio en cada compás (negras).

Ejemplo 1a:

En el ejemplo anterior, la secuencia de acordes se repite dos veces, y en cada repetición he mostrado una forma diferente de navegar a través de los cambios. La única regla consiste en que yo toque el tono del nuevo arpegio cada vez que el acorde cambia.

Los ejemplos en este libro son solo un punto de partida. Tu tarea consiste en encontrar tantas formas como puedas de navegar a través de cada arpegio consecutivo. Manteniéndote en estas dos cuerdas, deja que tus dedos den un paseo alrededor de las formas de arpegio y ve cuántos caminos diferentes puedes encontrar para "aplicar los cambios".

Cuando comiences a quedarte sin ideas, cambia al siguiente grupo de dos cuerdas; es decir la segunda y tercera cuerdas, y repite el ejercicio. Aquí hay dos caminos posibles a través de los cambios.

Ejemplo 1b:

Ejemplo 1b (continuación):

Repite este proceso moviéndote sobre cada grupo de dos cuerdas: las cuerdas tres y cuatro, cuatro y cinco y finalmente cinco y seis.

Debería estar claro a esta altura que algunas notas son comunes a más de un arpegio. Si deseas repetir una nota en un cambio de acorde, esto será aceptable siempre y cuando la nota exista dentro de ambos arpegios.

Gradualmente podrás comenzar a enfocarte en grupos de cuerdas ligeramente más grandes. El siguiente ejemplo muestra el mismo ejercicio tocado sobre la segunda, tercera y cuarta cuerdas.

Ejemplo 1c:

Encuentra tantas formas como puedas para navegar los cambios usando sólo este grupo de tres cuerdas.

Trabaja a través de cada grupo de tres notas adyacente posible y luego avanza hacia los grupos de cuatro cuerdas. Construirás rápidamente una amplia variedad de formas para unir cada arpegio. Todo el trabajo que realices aquí te traerá enormes beneficios en el futuro.

A medida que mejoras, comienza a doblar algunos de los ritmos, agregando algunas corcheas. Una gran manera de comenzar es agregar corcheas solo en el tiempo final de cada compás.

Ejemplo 1d:

Repite este ejercicio pero prueba variar el tiempo en el que ubicas las corcheas. Introduce gradualmente más corcheas en cada compás hasta que cada una de las notas sea una corchea.

Uniendo los puntos

El siguiente paso de este proceso es tocar una nota que "no es del arpegio" en el tiempo cuatro de cada compás. Hay tres formas de hacer esto:

1) Con *notas de paso cromáticas*: una nota de paso cromática llena un intervalo de un tono entre las notas de arpegio en los acordes diferentes.

2) Con *tonos de la escala:* un tono de la escala también puede ser utilizado para rellenar un intervalo, pero el tono de la escala siempre vendrá de la escala madre del acorde. En este capítulo, la escala madre es Bb mayor.

3) Con *notas de aproximación cromática.* Estas son iguales que las notas de paso cromáticas, pero pueden ser tocadas en *cualquier lado* del tono "objetivo".

Estas tres técnicas son las decoraciones más comúnmente utilizadas en la música jazz y son siempre utilizadas para suavizar la transición entre las notas en arpegios diferentes. Esto es más simple de ver y oír musicalmente.

Estudia el siguiente ejemplo cuidadosamente. Presta atención a las primeras cinco notas.

Ejemplo 1e:

En el tiempo cuatro del primer compás, he agregado una nota de paso cromática (C.P.N) para rellenar el intervalo entre los arpegios Cm7 y F7. Aunque esta nota no tiene nada que ver con ninguno de los arpegios, ella acorta la distancia entre las notas en los arpegios. La secuencia de notas que comienza en el tiempo tres es G, G#, A; y forma una melodía cromáticamente creciente.

La misma técnica es usada al final del compás dos, donde yo uno el b7 del arpegio F7 (Eb) al 5to del arpegio BbMay7 (D). La secuencia de notas es Eb, E, F.

Esta idea se repite en el compás cuatro, donde yo uno el 5to del acorde BbMay7 (F) al 5to del acorde Cm7 (G) usando la nota cromática 'F#'.

Cuando haya una distancia de un tono a través de un cambio de acorde, esta podrá ser rellenada con una nota de paso cromática de esta forma.

En el compás cinco, yo utilizo un *tono de la escala* para unir los acordes de Cm7 y F7. El tono de la escala funciona de la misma manera que una nota de paso cromática, pero la nota viene desde la escala tónica Bb mayor:

Bb Major

Yo utilicé un tono de la escala porque la distancia entre las notas alternantes de arpegios era mayor que un tono, y el tono de la escala era la manera más fluida de vincular a las dos notas.

Finalmente, entre el compás cinco y el compás seis, yo utilicé una nota de *aproximación* cromática. La utilicé porque la última nota del acorde F7 (Eb) y la primera nota del acorde Bb (D) tenían *sólo un semitono de distancia* y, por lo tanto, no había un intervalo que yo pudiera rellenar cromáticamente.

Yo necesitaba tocar algo en el tiempo cuatro para introducir el acorde BbMay, de manera que salté la nota

16

"objetivo" (D) y toqué una nota un semitono por *debajo* de la nota "objetivo" (C#). Esto significaba que yo podía rodear a mi nota "objetivo" con un semitono en cada lado.

Esta es una técnica muy común, y las tres notas juntas (Eb, C# and D) forman una estructura melódica importante llamada *enclosure* (encerramiento). Piensa en una enclosure como un sándwich que tiene de relleno a la nota "objetivo".

El siguiente ejemplo muestra otro camino alrededor de los cambios y hace uso de todas las tres técnicas descritas anteriormente. Cada técnica está marcada en la música.

Ejemplo 1f:

Analiza el ejemplo anterior para asegurarte de que entiendes cómo funcionan las diferentes técnicas. Relee la sección titulada *"Uniendo los puntos"* si tienes dudas sobre algo.

El concepto más importante en el que se debe trabajar es el patrón de la *nota de paso cromática*. Consiste en el momento en que tú rellenas un "agujero" de un tono entre arpegios. Comienza agregando una nota de paso cromática en el tiempo cuatro del compás ya que esto le sumará fuerza a la línea melódica en el momento de focalizar la nota de arpegio en el siguiente acorde.

Si no hay ninguna nota de paso cromática disponible, entonces intenta "hacer un sándwich" de la nota "objetivo" con una *enclosure* cromática (nota de aproximación) o abordándolo con un *scale step* (tono de escala) utilizando la escala mayor Bb.

Comienza con grupos simples de dos cuerdas y explora tantas formas como te sea posible para unir los puntos utilizando una nota de paso cromática en el tiempo cuatro.

A medida que ganas confianza y visión, puedes comenzar poco a poco a utilizar agrupaciones de tres y cuatro cuerdas.

Finalmente, comienza a introducir corcheas, de la misma forma en que lo hiciste en el ejemplo 1d. El siguiente ejemplo te muestra solo una forma de agregar corcheas al tiempo cuatro de cada compás.

Ejemplo 1g:

Trabaja a través del ejemplo 1g y asegúrate de que entiendes cómo he navegado desde un acorde tonal al siguiente en cada cambio. Recuerda, hay cientos de formas diferentes de tocar a través de estos cambios. Depende de ti dedicarle el tiempo suficiente a encontrar tantos caminos como sea posible. Poco a poco, agrega más tiempos de corcheas a medida que vas progresando.

Cuando practiques estas ideas, comienza muy lentamente sin usar un metrónomo o pista de acompañamiento. A medida que te familiarizas con tu territorio, introduce la pista de acompañamiento y asegúrate de tocar siempre el tono de arpegio correcto en el tiempo uno de cada compás. No te preocupes por los errores, siempre sucederán al principio y te ayudarán a aprender más rápidamente.

La meta real es olvidarte de las líneas y los patrones constantes y gradualmente dejar espacio en tu interpretación. La idea es tocar frases más cortas que corran a través de la línea del compás. Descubrirás que tu interpretación inmediatamente suena mucho más "jazzística".

Aquí tienes una idea melódica que usa todos los conceptos melódicos cubiertos en este capítulo.

Ejemplo 1h:

Esta línea anterior está completamente construida por tonos de acordes y notas de aproximación cromática. Lo único que ha cambiado es el ritmo.

Arpegios extendidos 3-9

Te recomendaría que no avances hasta esta sección hasta que hayas tocado los anteriores arpegios en posición fundamental cómodamente por un par de semanas.

Hasta ahora nos hemos enfocado en arpegios que deletrean cada acorde. Las notas del arpegio son idénticas al acorde y contienen los intervalos 1, 3, 5 y 7.

Estos arpegios se escriben así:

Cm7	C	Eb	G	Bb
Intervalos	1	b3	5	b7

F7	F	A	C	Eb
Intervalos	1	3	5	b7

BbMay7	Bb	D	F	A
Intervalos	1	3	5	7

Una técnica útil y muy común en el jazz y en otras formas de música es la de construir un arpegio desde el 3ro de cada acorde. En vez de tocar 1, 3, 5, 7, tocaremos 3, 5, 7, 9.

El efecto de esto es agregar la riqueza del 9no intervalo a nuestras melodías y también evitar la fundamental. Probablemente ya hayas notado que descansar sobre la fundamental en la melodía puede dar un efecto de "punto final" a la melodía, especialmente en el acorde tónico (BbMay7).

Evitando la fundamental, podemos agregar riqueza y potencia a nuestros solos.

Para formar un arpegio 3-9, comienza en el 3ro del acorde y construye cuatro notas.

Por ejemplo:

Cm7 (1-b7)	C	Eb	G	Bb	
Cm7 (3-9)	C̶	Eb	G	Bb	D
Intervalos	1̶	b3	5	b7	9

Las notas en el arpegio *extendido* Cm7 son Eb, G, Bb y D.

Repitiendo el proceso para los acordes F7 y BbMay7, los siguientes arpegios 3-9 son generados:

F7 (1-b7)	F	A	C	Eb	
F7 (3-9)	F̶	A	C	Eb	G
Intervalos	1̶	3	5	b7	9

BbMay7 (1-7)	Bb	D	F	A	
BbMay7 (3-9)	B̶b̶	D	F	A	C
Intervalos	1̶	3	5	7	9

Podrías notar que estos arpegios extendidos forman nuevos arpegios por derecho propio. Por ejemplo, las notas D, F, A y C en el arpegio (3-9) extendido BbMay7, forman un nuevo arpegio de Dm7. Saber esto puede ser tanto un beneficio como una distracción. Si estás recién comenzando a explorar los arpegios extendidos definitivamente será una distracción, de manera que no debes preocuparte sobre la teoría por ahora.

Los arpegios extendidos anteriores pueden ser tocados de la siguiente manera en esta posición en la guitarra:

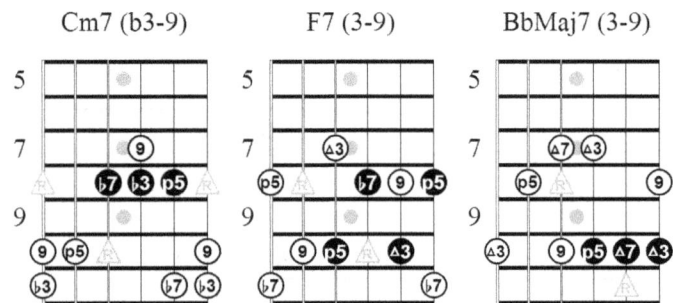

Cm7 (b3-9)   F7 (3-9)   BbMaj7 (3-9)

Las fundamentales están incluidas pero en color gris para tu referencia. No las toques en estos arpegios.

Repite el proceso de aprender estos arpegios como se ha mostrado en la página 10. El tiempo que hayas invertido aquí hará que las siguientes etapas sean más sencillas y rápidas. Recuerda, tú sólo debes aprender estos arpegios una vez para conocerlos por el resto de tu carrera.

Mientras que estudias cada arpegio extendido, será muy beneficioso oír el acorde original sonando de fondo. Esto te ayudará a oír la 9na nota agregada en el contexto de la armonía original y le enseñará a tu oído a "aceptarlo" como un acorde tonal. Aprender música trata esencialmente sobre aprender a escuchar cosas nuevas.

Grábate tocando un acorde Cm7 y reprodúcelo en modo de bucle mientras practicas con el arpegio b3-9. Si no tienes el equipo necesario para hacer esto, prueba estas apps que lo harán por ti. Échale un vistazo a SessionBand: Jazz para iOS y a iReal Pro para Mac para iOS.

Recuerda tocar el acorde asociado a cada arpegio antes de tocar el arpegio en sí.

Cuando te vuelvas seguro de ti mismo con la sensación y el sonido de cada arpegio, repite este capítulo entero, sustituyendo a los arpegios 3-9 arpegios por las formas de posición fundamental originales. Comienza trabajando sobre grupos de dos cuerdas antes de avanzar a los grupos de tres y cuatro cuerdas.

Los siguientes ejercicios te muestran algunas formas de vincular a los arpegios 3-9 sobre los cambios. Estos son solo para ayudarte a comenzar. Como siempre, la clave del éxito es que explores estas ideas en tanto detalle como te sea posible.

Ejemplo 1i: (Tres primeras cuerdas)

Ejemplo 1j: (Tres cuerdas del medio)

Ejemplo 1k: (Con notas de aproximación)

A medida que ganas confianza, agrega corcheas en el tiempo cuatro y gradualmente aumenta su frecuencia mientras ganas fluidez. Recuerda comenzar a dejar espacios entre tus frases y utiliza estas ideas para hacer música. El punto de todos los ejercicios es ayudarte a desarrollar nuevas ideas musicales. Simplemente dividiendo estas largas oleadas de notas te ayudará mucho a que la música cobre vida. No olvides *escuchar* a grandes intérpretes.

Hay otras opciones de arpegios para el acorde F7, y volveremos a verlas más adelante en el libro. Para un estudio más profundo de la progresión mayor ii V I, échale un vistazo a mi libro ***Cambios fundamentales en guitarra jazz***.

A medida que desarrollas tus habilidades, podrías desear aplicar las ideas en cada capítulo a otras posiciones en la guitarra. Los siguientes diagramas de acordes y arpegios te ayudarán a utilizar los conceptos anteriores en nuevas áreas.

Las siguientes posiciones no deberían ser abordadas hasta que estés confiado en tu habilidad para aplicar arpegios en la primera posición fluidamente y de memoria. También se recomienda que estudies algunas de las otras progresiones más comunes en este libro antes de volver a esta sección.

Arpegios 1-7, acordes y escalas:

Cm7   F7   BbMaj7   BbMaj7

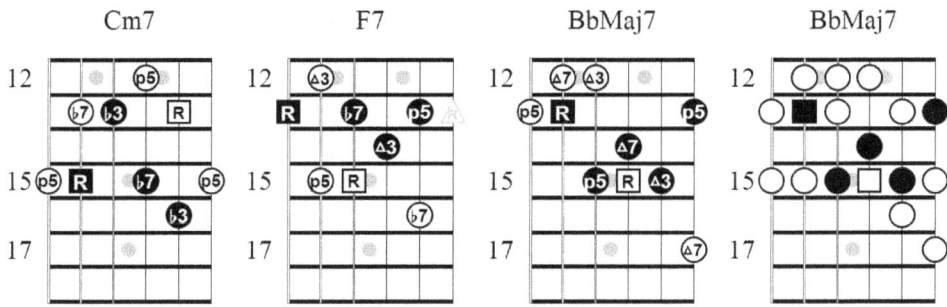

Arpegios 3-9 y acordes:

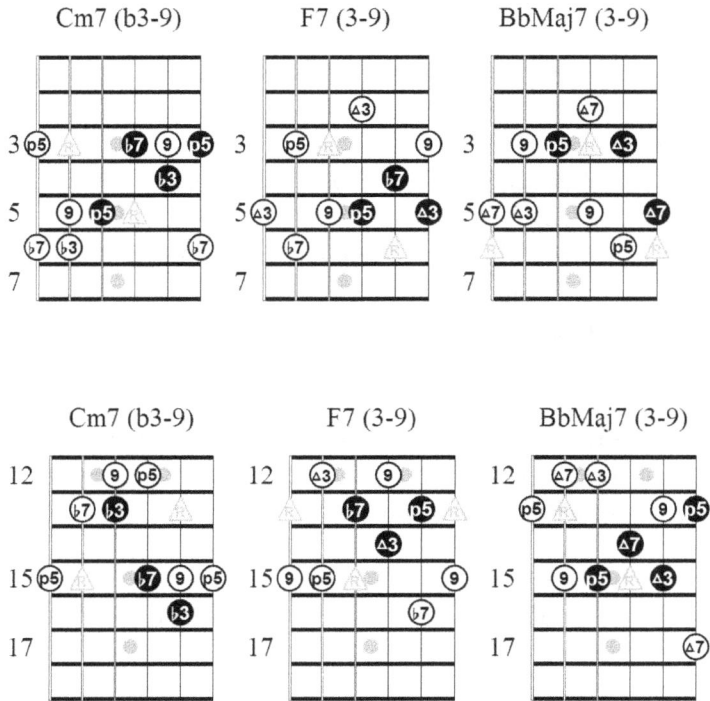

Cm7 (b3-9)   F7 (3-9)   BbMaj7 (3-9)

Cm7 (b3-9)   F7 (3-9)   BbMaj7 (3-9)

Capítulo 2 – I vi ii V7 (Sustitución 7b9)

Esta progresión puede ser escuchada en la *pista de acompañamiento 2.*

Centro tonal: Bb mayor.

Escala madre: Bb mayor. (La pentatónica mayor Bb es una elección común de escalas sobre los cuatro compases).

La progresión I vi ii V es extremadamente común en el jazz y aparece en muchos estándares del jazz. La secuencia fue popularizada por George Gershwin con la canción *I Got Rhythm* y desde ese entonces forma parte de la esencia del jazz. Aunque a menudo lo verás tocado en su forma original, como se muestra anteriormente, la *calidad* de cada acorde a veces cambia. La calidad del acorde consiste en si es May7, m7, o 7, etc. Por ejemplo, es bastante común en el jazz oír cada acorde de la secuencia de acordes siendo interpretado como un voicing de séptima dominante.

La progresión I vi ii V es conocida como una secuencia de acorde *turnaround* porque a menudo se encuentra al final de una progresión armónica y lleva a la canción de nuevo al comienzo. Si todos los acordes en la secuencia I vi ii V son diatónicos, como se ve anteriormente, entonces la escala mayor madre (Bb mayor, en este caso) pude ser tocada sobre toda la progresión.

Te cruzarás con la progresión I vi ii V una y otra vez en el jazz, y algunas canciones útiles para que estudies son:

- *I Got Rhythm*

- *Oleo*

- *Moose the Mooche*

- *Isn't It Romantic?*

- *Heart and Soul*

Los voicings de acordes básicos pueden ser tocados de la siguiente manera:

BbMaj7   Gm7   Cm7   F7

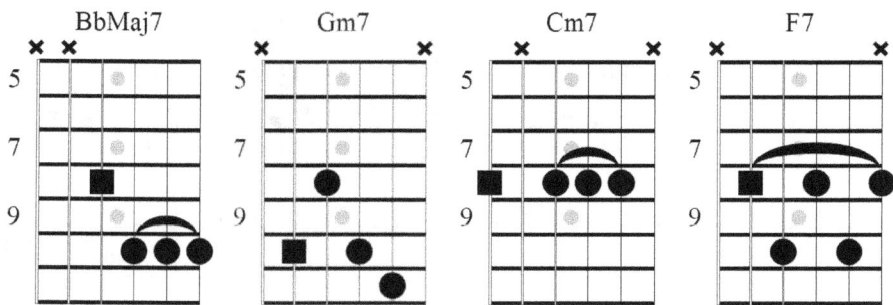

Aquí tienes los arpegios que necesitarás utilizar para realizar solos sobre estos acordes. Las buenas noticias son que ya conoces tres de ellos.

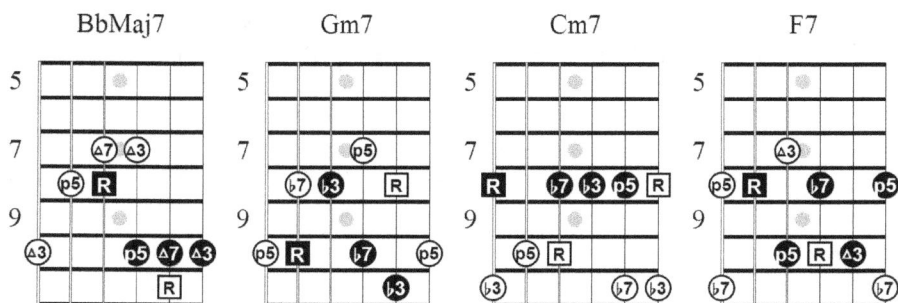

BbMaj7   Gm7   Cm7   F7

Como puedes ver, tres cuartos de esta progresión forman la ii V I que hemos estudiado en el capítulo anterior. El único agregado es el acorde vi (Gm7).

Pasa algún tiempo aprendiendo el arpegio Gm7 en detalle antes de explorar las secuencias de arpegios de dos, tres y finalmente cuatro cuerdas sobre los cambios de acorde. A medida que trabajas a través de los siguientes ejemplos, notarás que los arpegios de Gm7 y BbMay7 tienen muchas notas en común. Intenta tocar la única nota que cambia entre estos acordes.

Aquí hay algunas ideas para ayudarte a comenzar.

Ejemplo 2a:

Explora cada grupo de dos cuerdas en detalle antes de aumentar el rango hasta tres cuerdas.

Ejemplo 2b:

B♭maj7   Gm7   Cm7   F7   B♭maj7   Gm7   Cm7   F7

Explora cada grupo de tres cuerdas en detalle antes de aumentar el rango hasta cuatro cuerdas.

Ejemplo 2c:

B♭maj7   Gm7   Cm7   F7   B♭maj7   Gm7   Cm7   F7

Explora cada grupo de cuatro cuerdas en detalle antes de aumentar el rango hasta cinco y seis cuerdas.

A medida que tu confianza crece, comienza a agregar algunas corcheas como las has aprendido en la página 12. Comienza agregando corcheas en el tiempo cuatro, antes de cambiar su posición en el compás y gradualmente aumenta su frecuencia.

Cuando puedas navegar con confianza estos cambios utilizando solo arpegios, comienza a incorporar algunas de las ideas cromáticas del capítulo anterior. Recuerda, las tres técnicas cromáticas eran:

– Rellenar un intervalo de un tono entre arpegios diferentes con una nota de paso cromática.

– Rellenar un intervalo más grande entre arpegios con un paso de escala.

– Haz un "sándwich" de un tono de acorde con un patrón de nota de aproximación si la nueva nota de arpegio está sólo a un semitono de distancia en el tiempo tres.

Los siguientes ejemplos muestran diferentes formas de combinar estas ideas, aunque deberías enfocarte solo en una técnica cromática a la vez.

Ejemplo 2d: (Agregando ideas cromáticas al tiempo cuatro)

Ejemplo 2e: (Agregando corcheas en el tiempo cuatro)

Ejemplo 2f: (Usando ritmos y notas de aproximación para construir una melodía)

Arpegios 3-9 extendidos

Es normal tocar arpegios 3-9 extendidos sobre la progresión I vi ii V.

Aquí tienes el arpegio 3-9 para el acorde Gm7.

Gm7 (1-b7)	G	Bb	D	F	
Gm7 (b3-9)	G	Bb	D	F	A
Intervalos	1	b3	5	b7	9

Se muestra aquí en combinación con los otros arpegios 3-9 en esta secuencia:

De la misma forma que en el capítulo 1, trabaja a través de la progresión armónica y sustituye cada uno de los arpegios originales por acordes 3-9 extendidos.

Notarás rápidamente que el arpegio b3-9 extendido Gm7 contiene las mismas notas que el arpegio BbMay7. El hecho de que estos dos acordes tengan tanto en común es generalmente problemático para los solistas que buscan tocar tonos guía variables. En muchas canciones, el acorde Gm7 vi (m7) es usualmente cambiado para que se convierta en un acorde VI (G7)

El acorde de G7 contiene la nota B, de manera que esta es una nueva y rica nota para tocar cuando nos movemos desde el Bb en el acorde BbMay7. Esta alteración común se aborda en el siguiente capítulo.

Para practicar los arpegios 3-9 sobre los cambios, comienza con grupos de dos cuerdas y gradualmente muévete a través de la guitarra antes de aumentar el área a grupos de tres y cuatro cuerdas.

El siguiente ejemplo te ayudará a comenzar.

Ejemplo 2g:

Practica utilizando estos arpegios exhaustivamente y gradualmente agrega los patrones de notas de aproximación e ideas rítmicas que hemos cubierto hasta el momento.

La sustitución 7b9 disminuida

Los solistas de jazz utilizan una amplia variedad de sustituciones de arpegios *no diatónicas* para agregar interés y tensión a los solos.

Una sustitución no diatónica es aquella en la que el arpegio sustituto contiene notas de *fuera* del centro tonal o escala madre del acorde. Uno de los lugares más comunes para utilizar una sustitución no diatónica es sobre un acorde dominante *funcional* (que resuelve). En el ejemplo anterior, el acorde dominante funcional es F7 y resuelve de vuelta hacia el acorde tónico de BbMay7.

F7 está visto como un punto de tensión armónica que es liberado cuando se resuelve hacia BbMay7.

Como el acorde dominante (F7) es un punto de tensión en la progresión, los músicos de jazz concluyen que está bien agregar *cualquier* cantidad adicional de tensión al solo en ese punto, siempre y cuando la tensión en la idea melódica encuentre una resolución cuando el acorde se resuelve hacia la tónica en el siguiente compás.[1]

La sustitución más común en un acorde de séptima dominante funcional es *tocar un arpegio de séptima disminuida desde el 3ro del acorde dominante*.

Veamos qué notas son tocadas cuando interpretamos un arpegio de séptima disminuida del 3ro de F7 (A).

F7 (1-b7)	F	A	C	Eb	
A Dim7		A	C	Eb	Gb
Intervalos	1	3	5	b7	b9

Como puedes ver, cuando un arpegio A Dim7 está tocado sobre el acorde de F7, las notas son casi idénticas al arpegio 3-9 que estudiamos anteriormente. La única diferencia importante es que la fundamental (F) ha sido eliminada y reemplazada con un intervalo *b9* (Gb).

Esto puede ser visto comparando los siguientes diagramas:

---

1. Esta es una simplificación bastante grande, pero en general es cierto.

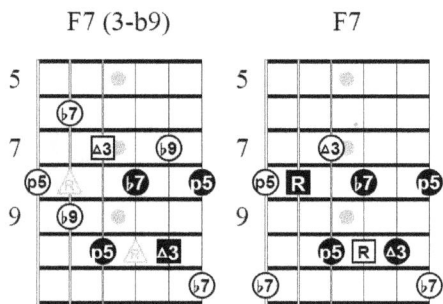

En el primer diagrama, la fundamental del acorde (F) se muestra con un triángulo, y la fundamental del arpegio A Dim7 se muestra con un cuadrado. ¿Puedes ver que el único cambio es que la fundamental de F7 ha sido eliminada y "movida" un semitono hacia arriba?

Esta es la sustitución más común para un acorde dominante en el jazz.

El arpegio A Dim7 contiene todas las notas importantes del acorde[2] F7 y un intervalo b9 adicional. El sonido creado es F7b9.

El siguiente ejemplo usa arpegios 1-7 para cada acorde pero usa el arpegio A Dim7 en el acorde F7 para crear un sonido F7b9.

Lo único en lo que debes pensar es en elevar la fundamental del arpegio F7 por un semitono.

Ejemplo 2h:

Trata al intervalo b9 exactamente igual que si fuera un tono de acorde normal.

Aquí tienes otro ejemplo que usa algunas ideas de notas de aproximación cromática.

---

2. La fundamental no es importante porque, normalmente, alguien más la estará tocando.

Ejemplo 2i:

Este ejemplo final agrega algunos ritmos de corcheas.

Ejemplo 2j:

Prueba las tres ideas anteriores con la *pista de acompañamiento 2*. ¿Puedes oír cómo el intervalo b9 agrega color y tensión al acorde dominante? Es común que el Gb en el acorde F7b9 se resuelva hacia la nota F en el acorde BbMay7.

Pasa algunos días explorando el sonido 7b9. A medida que te vuelvas más fluido, agrega los arpegios 3-9 extendidos en los otros acordes y combina estos con el arpegio 7b9 en el F7.

Las posiciones siguientes no deberían ser abordadas hasta que tengas la confianza suficiente para aplicar arpegios en la primera posición de manera fluida y de memoria. También se recomienda que estudies algunas de las otras progresiones más comunes en este libro antes de regresar a esta sección.

A medida que tus habilidades se desarrollan, podrías desear aplicar las ideas en cada capítulo a otras posiciones en la guitarra. Los siguientes diagramas de acordes y arpegios te ayudarán a usar los conceptos anteriores en áreas nuevas.

Arpegios 1-7 y acordes y escalas:

BbMaj7   Gm7   Cm7   F7   Bb Major

BbMaj7   Gm7   Cm7   F7   BbMaj7

Arpegios 3-9 y acordes:

Gm7 (b3-9)   BbMaj7 (3-9)   Cm7 (b3-9)   F7 (3-9)   F7 (3-b9)

Gm7 (b3-9)   BbMaj7 (3-9)   Cm7 (b3-9)   F7 (3-9)   F7 (3-b9)

Capítulo 3 – I7 VI7 II7 V7

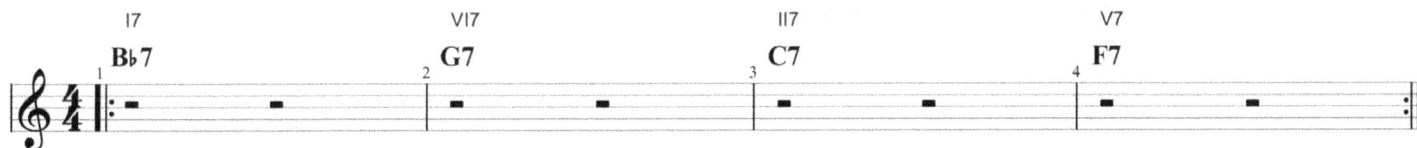

Esta progresión puede ser escuchada en la *pista de acompañamiento 3*.

Centro tonal: derivado de acordes en Bb mayor. La calidad de cada acorde ha sido convertida para volverse un voicing de séptima dominante.

Escala madre: la forma de escalas más simple para abordar esta progresión sería tocar en modo mixolidio en cada acorde. Es decir: Bb mixolidio, G7 mixolidio, C mixolidio y F mixolidio. En la práctica, se usan muchas escalas diferentes.

La progresión *diatónica* I vi ii V en el capítulo anterior, aparece frecuentemente en el jazz y forma la base de muchos estándares populares. De todas formas, algunos de los acordes en esta progresión a menudo son alterados y se les da *calidades* diferentes.

La calidad de un acorde es la parte luego de la nota fundamental que *describe* su estado de ánimo y construcción. Por ejemplo, la calidad de un acorde podría ser May7, m7, m7b5, 7, 7b9 o hasta algo similar a 13#9.

En el jazz, la calidad de *cualquier* acorde puede ser cambiada, y la alteración más común es convertir algunos acordes a séptimas dominantes. En la progresión I vi ii V, el acorde vi (Gm7 en la progresión de más arriba) a menudo será tocada como un acorde de séptima dominante (G7). A veces hasta el acorde I es cambiado para convertirse en una séptima dominante con la intención de crear un estilo "bluesístico".

Es menos habitual ver que el acorde ii (Cm7) se toque como un voicing dominante, pero está incluido en este capítulo como práctica.

Además de ser convertido en acorde dominante, el acorde vi (G7) usualmente se toca como un acorde G7b9. Esta es una oportunidad perfecta para usar la sustitución 7b9 disminuida enseñada en el capítulo anterior.

Los voicings de acordes básicos para un conjunto de cambios de ritmos que sean todos dominantes pueden ser tocados de la siguiente manera:

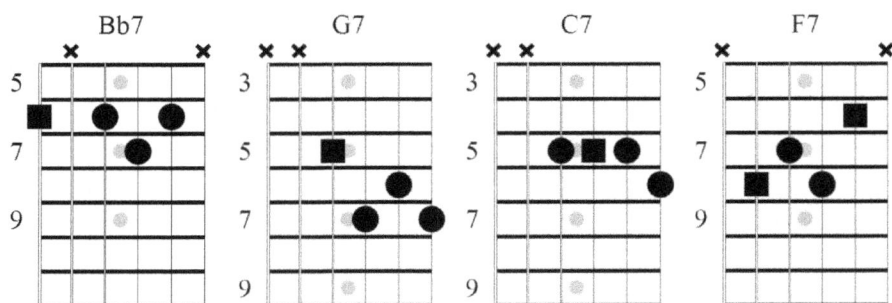

Aquí tienes los arpegios que necesitarás para poder realizar solos sobre estos acordes en una posición. Son todos arpegios de séptima dominante, pero estas son nuevas formas para que aprendas. Luego de este capítulo habrás dominado cada una de las cinco formas de arpegios de séptima dominante que más comúnmente se utilizan en la guitarra. Esto mejorará enormemente tu dominio del diapasón.

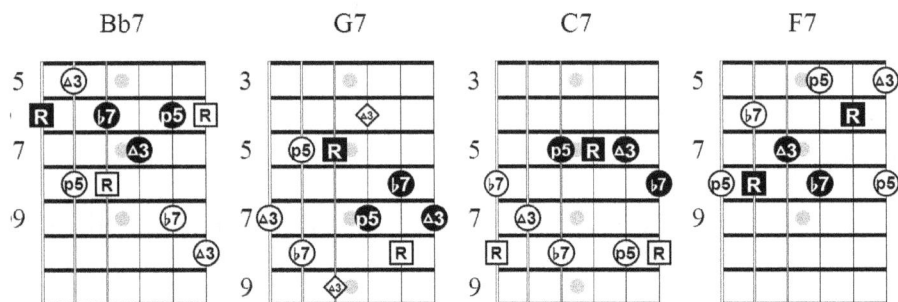

El 3ro de G7 (B) puede ser tocado en dos ubicaciones (marcadas con diamantes). Elige la que te sea más sencilla.

Como siempre, explora otros caminos entre estos arpegios sobre pequeños grupos de cuerdas.

Ejemplo 3a: (Dos cuerdas)

Explora cada grupo de dos cuerdas en detalle antes de aumentar el rango hasta tres cuerdas.

Ejemplo 3b: (Tres cuerdas)

Ejemplo 3c: (Cuatro cuerdas con variación rítmica)

Prueba agregar algunas ideas de notas de aproximación cromática para crear variación melódica.

Ejemplo 3d:

Ejemplo 3e:

Luego de haber pasado algún tiempo intentando agotar las posibilidades melódicas de estos arpegios en grupos de dos, tres y cuatro cuerdas y agregando tantas notas de paso cromáticas como puedas encontrar, avanza hasta los siguientes arpegios 3-9 en cada acorde.

Arpegios 3-9

Los siguientes ejemplos usan voicings 3-9 en cada acorde, aunque te recomiendo que practiques aislando un acorde para un arpegio 3-9 y usando arpegios 1-7 en los tres restantes. Por ejemplo, toca Bb7 3-9 y toca los otros tres acordes como arpegios 1-7. Trabajando de esta forma, aislarás el sonido del arpegio 3-9 sobre cada acorde y desarrollarás tus oídos y tu sensación musical.

También te recomendaría sólo utilizar los arpegios 3-9 en los acordes Bb7 y C7 para comenzar, porque los acordes G7 y F7 frecuentemente se tocan con 9nos alterados (# o b) que exploraremos más adelante.

Siempre comienza trabajando en grupos de dos cuerdas y gradualmente desplaza cada grupo a través de la guitarra antes de abordar los grupos de arpegios de tres y cuatro cuerdas. Podría parecer que es más trabajoso, pero aprenderás los caminos en mucho más detalle y les dedicarás menos tiempo, en general.

Los siguientes ejemplos sonarán extraños cuando se toquen fuera de contexto hasta que tus oídos aprendan a "escuchar" la armonía sin una pista de acompañamiento. Aprende estos ejemplos muy lentamente con la *pista de acompañamiento 3* para que puedas escuchar cada extensión 9na en contexto.

Puede que no te emocione inmediatamente cada sonido que escuchas, de manera que deberás darles tiempo a estos ejercicios. Si en unas pocas semanas aún no te gusta una extensión particular sobre un acorde particular, ¡tendrás muchas otras cosas para tocar!

Ejemplo 3f: (Dos cuerdas)

Ejemplo 3g: (Tres cuerdas)

Ejemplo 3h: (Cuatro cuerdas)

Explora estos conceptos tan cuidadosamente como puedas sobre pequeños grupos de cuerdas. Con el tiempo podrás descartar algunos sonidos que no te gusten. No olvides agregar notas de aproximación cromática para abordar cada cambio de acorde.

Sustituciones 7b9

Como dije anteriormente, la sustitución disminuida 3-b9 es una opción más común en los acordes F7 y G7.

Un acorde dominante funcional es aquel que se resuelve hacia un acorde que está un intervalo de una 5ta por debajo de él. Por ejemplo, G7 a C7 es un movimiento dominante funcional, como también lo es C7 a F7 y F7 a Bb7. El movimiento de Bb7 a G7 *no* es un movimiento dominante funcional, ya que estos dos acordes forman un intervalo de un 6to.

Teniendo esto en mente, la mayoría de los intérpretes no usarían una sustitución 7b9 en el Bb7 porque se está moviendo G7, pero es un sonido muy útil en los acordes G7 y F7.

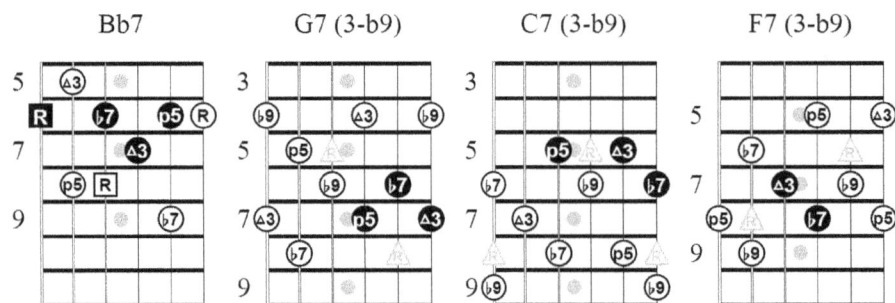

Bb7   G7 (3-b9)   C7 (3-b9)   F7 (3-b9)

Como hemos descubierto, tocar el acorde ii como una séptima dominante es un gusto adquirido, pero sí nos permite usar la sustitución 7b9 en un acorde ii que normalmente sería menor.

Una vez más, te recomendaría que comiences seleccionando sólo una sustitución 7b9 a la vez. Prueba comenzar solo utilizando la sustitución G7b9 y toca arpegios 1-7 en los otros acordes. Hay muchas combinaciones, de manera que deberás ser organizado con tu práctica.

En los siguientes ejemplos, combina arpegios 1-7, 3-9 y 3-b9, pero te recomiendo mucho que comiences sustituyendo sólo un acorde a la vez.

Ejemplo 3i:

Ejemplo 3j:

Ejemplo 3k:

Hay mucho más provecho que obtener trabajando con estos arpegios. Este proceso te podría llevar algunas semanas, pero la internalización de estos sonidos vale la pena. A menudo, los cambios I VI II V se superponen sobre otras progresiones de acordes más estáticas y son una gran forma de obtener un sonido "externo" sobre una simple armonía.

El movimiento C7 a F7 es muy frecuente en el jazz, como también lo es Bb7 a G7, de manera que trabajando duro sobre estos cambios estarás bien preparado para una amplia variedad de situaciones musicales. No olvides agregar mucho espacio y recuerda que tu objetivo máximo es tocar líneas *melódicas* bien desarrolladas.

Siempre deberías reservar parte de tu tiempo de práctica para sencillamente *tocar tu guitarra y hacer música* con estos conceptos. Olvida los ritmos constantes e intenta crear una melodía memorable que toque los tonos de acordes correctos.

Los siguientes ejemplos melódicos podrían ayudarte a comenzar.

Ejemplo 3l:

Ejemplo 3m:

Otras calidades de acordes en progresiones I VI II V

Todos los ejemplos en este capítulo han estado basados en una secuencia de acordes que contiene *sólo* voicings de séptima dominante. La realidad es que casi siempre verás una combinación de las ideas que aparecen en este capítulo y el capítulo 2.

Probablemente esta sea la forma más común de tocar la progresión:

La tónica May7 y la séptima dominante en los acordes VI y V crean muchos movimientos de tonos de acordes muy útiles (continuidad armónica) entre los arpegios.

Esta secuencia debería ser la siguiente etapa de tu práctica. Aplica todos los conceptos de los tres capítulos anteriores a esta nueva progresión.

Los arpegios para este capítulo también pueden ser tocados en la siguiente posición en la guitarra.

Arpegios 1-7 y acordes

Bb7   G7   C7   F7

Arpegios 3-9

Bb7 (3-9)   G7 (3-9)   C7 (3-9)   F7 (3-9)

Arpegios 3-b9

G7 (3-b9)   C7 (3-b9)

Capítulo 4 – I (ii V7 I) i

Esta progresión puede ser escuchada en la *pista de acompañamiento 4*.

Centro tonal: Bb mayor moviéndose hacia Eb mayor (luego, posiblemente Db mayor en el compás cuatro).

La secuencia de acordes que aparece en este capítulo combina dos progresiones esenciales en un solo ejercicio. Los primeros tres compases pueden ser vistos como un cambio de tonalidad (modulación) de Bb a Eb mayor, o simplemente como un movimiento de acorde decorado de I a IV. Si alguna vez has tocado un blues, sabrás lo importante que es la progresión armónica I-IV. En un blues, sin embargo, los acordes I y IV son normalmente tocados como acordes de séptima dominante. Esta secuencia se estudia en el capítulo 7.

En la progresión anterior, los acordes I y IV (Bb y Eb) se tocan como acordes de séptima dominante mayor (de la forma diatónica "correcta" en la tonalidad de Bb). Existe, sin embargo, una modulación que se lleva a cabo en el compás dos que es expresada por dos acordes de afuera de la tonalidad.

En la tonalidad de Bb mayor, esperaríamos que el acorde V (F) se toque como un acorde de séptima dominante pero aquí está tocado como un acorde m7. El siguiente acorde es Bb7, que se resuelve hacia EbMay7. Si aíslas los compases dos y tres, podrás ver que el acorde Fm7 es el acorde ii en la tonalidad de Eb, y el acorde Bb7 es el acorde V en la tonalidad de Eb.

Los primeros dos compases de esta progresión contienen dos acordes Bb. El primer Bb se toca como un *May7* y el Segundo Bb es tocado como una *séptima dominante*. Ver dos acordes con la misma fundamental pero con calidades diferentes es un signo claro de que la canción está cambiando temporalmente de tonalidad. El acorde tónico I (BbMay7) se convierte en el V7 (Bb7) en la nueva tonalidad de Eb mayor.

Usar los arpegios BbMay7 y Bb7 en dos compases puede presentar un desafío para el improvisador, de manera que esta es un área esencial para la práctica. Este tipo de modulación en la que el acorde tónico original se convierte en un acorde "pivote" dominante es muy regular tanto en el jazz como en el pop. Aparece en:

- *Satin Doll*

- *Cherokee*

- *Joy Spring*

- *Have You Met Miss Jones?*

- *There Will Never Be Another You*

En el compás cuatro, el nuevo acorde tónico (EbMay7) se convierte en Ebm7. De nuevo, este tipo de movimiento ocurre frecuentemente en el jazz. Si esta secuencia continuara, el acorde Ebm7 probablemente se convertiría en el nuevo acorde ii en una progresión mayor ii V I hacia la tonalidad de Db mayor (Ebm7 - Ab7 - DbMay7).

Una canción fantástica en la que trabajar para practicar este tipo de movimiento de mayor a menor es *Solar*, por Miles Davis. Este movimiento también ocurre en temas tales como:

- *Moose the Mooche*

- *All of Me*

- *All the Things You Are*

- *There Will Never Be Another You*

Los acordes para esta secuencia pueden ser tocados de la siguiente manera:

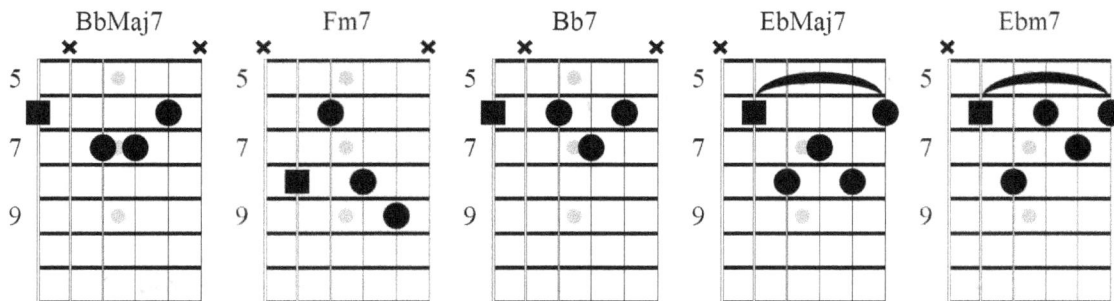

BbMaj7   Fm7   Bb7   EbMaj7   Ebm7

Los arpegios 1-7 para cada uno de estos acordes pueden ser tocados de la siguiente manera:

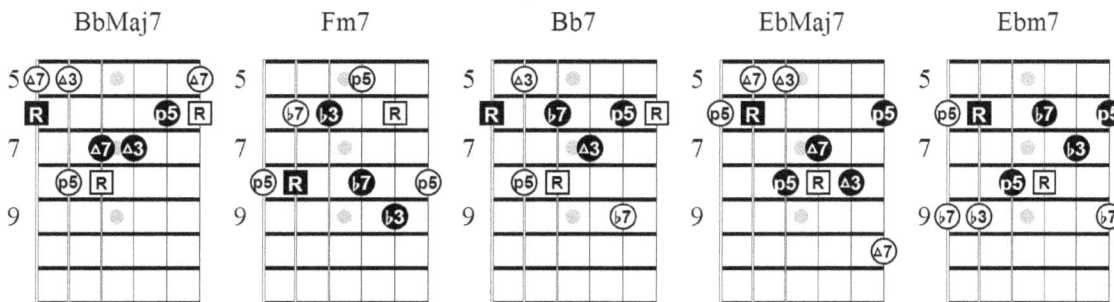

BbMaj7   Fm7   Bb7   EbMaj7   Ebm7

Otro desafío en esta progresión armónica consiste en que ahora nos enfrentamos a dos acordes en solo un compás.

A menudo, especialmente en los tempos acelerados, los improvisadores sencillamente ignoran el acorde ii (Fm7) y se enfocan en usar escalas y arpegios que están basados alrededor del acorde dominante (Bb7). A pesar de esto, cualquier buen improvisador ha pasado tiempo practicando la articulación de los acordes ii y V en el mismo compás, y si eligen ignorar el acorde ii, siempre será una decisión consciente.

Aprende los arpegios utilizando el método descrito en el capítulo 1, y tan pronto como te sientas preparado, repite el proceso de dominar cada intercambio en grupos de dos, tres y cuatro cuerdas. Podrías querer aislar el compás dos y trabajar en él de manera separada debido a los cambios rápidos.

Ejemplo 4a: (Dos cuerdas)

Lo que probablemente escucharás de manera inmediata es que usar el arpegio Bb7 sobre el acorde Bb7 en el compás dos no resalta verdaderamente el cambio entre BbMay7 y Bb7. Esto se debe a que hay solo una nota de diferencia entre los acordes Bb7 y BbMay7.

Lo ideal en este punto sería que reflejemos este importante cambio de tonalidad en nuestro solo, de manera que mi sugerencia es que introduzcas inmediatamente la sustitución Bb7 3-b9 sobre el acorde Bb7.

Los siguientes ejemplos usan un arpegio D Dim7 sobre cada acorde Bb7 para crear una tensión Bb7b9.

Bb7 (3-b9)

Ejemplo 4b: (Tres cuerdas)

Ejemplo 4c: (Cuatro cuerdas con corcheas)

A medida que comiences a dominar los cambios, practica el *targeting* (focalización) de los tonos de acordes con notas de aproximación cromática.

Ejemplo 4d:

Ejemplo 4e:

Arpegios 3-9 extendidos

Usar los arpegios 3-9 extendidos sobre esta progresión crea algunas oportunidades de *continuidad armónica* muy interesantes.

Cuando creamos un arpegio 3-9 extendido, estamos construyendo un *nuevo* arpegio desde el 3ro del acorde original. Esto tiene el efecto de omitir la fundamental del acorde original y reemplazarla con el 9no.

A pesar de que los siguientes ejemplos combinan libremente todos estos arpegios 3-9, yo te recomendaría mucho que comiences incorporando sólo un arpegio 3-9 a la vez en tu rutina de práctica. Estas sustituciones aparecen repentinamente todo el tiempo en los solos de jazz, y dominando solo una sustitución estarás abriéndote a todo un nuevo rango de oportunidades para tus solos.

Ve despacio, cuidadosa y metódicamente. Comienza cambiando sólo un acorde para sustituirlo con una extensión 3-9, y a medida que ganas confianza, comienza a usar dos o más sustituciones. Descubrirás rápidamente un nuevo mundo de opciones melódicas.

Ejemplo 4f: (negras)

Ejemplo 4g: (Agregando corcheas)

Ejemplo 4h: (Agregando cromáticas)

Finalmente, deja un poco de espacio y piensa más sobre *cuándo* quieres frasear las notas de tu melodía.

Ejemplo 4i:

Ejemplo 4j:

Aquí tienes muchos más ejercicios extra en el capítulo 15 que puedes utilizar para ayudarte a dominar todos los cambios en este libro.

A medida que comiences a ganar mucha confianza con los cambios de acorde en esta posición del diapasón, prueba moviéndote a una nueva área usando los siguientes diagramas:

Capítulo 5 – I (i V I)

Imaj7	iim7 (im7)	V7	Imaj7
B♭maj7	B♭m7	E♭7	A♭maj7

Esta progresión puede ser escuchada en la *pista de acompañamiento 5*.

Centro tonal: Los tres compases finales están en Ab mayor.

Escala madre: Compás uno: Bb mayor 7. Compases dos a cuatro: AbMay7.

Esta progresión tiene bastante en común con la del capítulo anterior. Un acorde May7 (BbMay7) se convierte en un acorde m7 (Bbm7), que ahora es el primer acorde de una progresión mayor ii V I en una nueva tonalidad. En el capítulo cuatro, era el acorde IV el que se convertía en un acorde menor, en este capítulo es el acorde I el que se "hace menor".

Este tipo de movimiento de acorde es extremadamente común en el jazz, y es una forma útil de modular hacia una nueva tonalidad.

El movimiento de mayor a menor ocurre en muchas canciones de jazz, incluyendo:

- *How High the Moon*

- *Tune Up*

- *Cherokee*

- *One Note Samba*

- *Solar*

Como ya hemos estudiado los últimos tres compases de esta progresión en el capítulo 1 (aunque en la tonalidad de Bb mayor), tomaremos esta oportunidad de introducir una nueva sustitución alterada en el acorde dominante (Eb7).

Comienza utilizando las siguientes formas de acordes para tocar a través de esta progresión:

Los siguientes arpegios 1-7 pueden ser usados para realizar solos sobre la secuencia de acordes en esta posición. Apréndelos en detalle usando los métodos descritos en el capítulo 1. Como ya has trabajado con estas posiciones de acordes en los capítulos 1 y 2, ya deberían serte bastante familiares.

Enfoca tu tiempo en aprender el cambio entre BbMay7 y Bbm7.

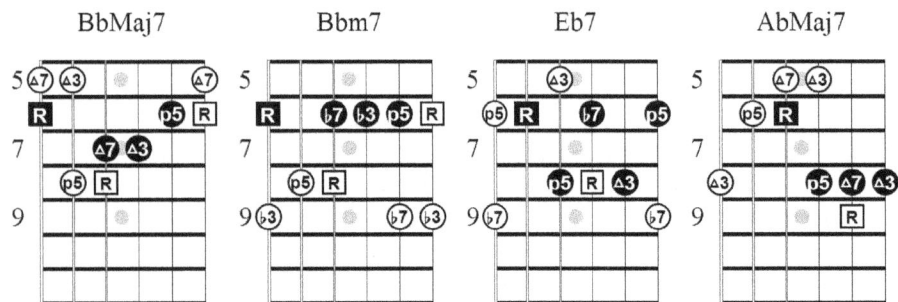

BbMaj7   Bbm7   Eb7   AbMaj7

Comienza aprendiendo los movimientos de tonos de acordes en pequeños grupos de cuerdas, pero como ya has aprendido esta posición antes, y como el acorde Bbm7 es la única nueva adición, podría resultarte fácil comenzar con un grupo de cuerdas más grande.

Intenta tocar estos ejemplos sobre la *pista de acompañamiento 5* tan pronto como sea posible para escuchar cómo funcionan en contexto.

Ejemplo 5a: (Cuatro cuerdas)

Ejemplo 5b: (Cuatro cuerdas con cromáticas)

Ejemplo 5c: (Cuatro cuerdas con cromáticas)

Para simplificar tu práctica, enfócate en encontrar tantos caminos que se muevan entre BbMay7 y Bbm7 como sea posible. Podrías desear trabajar en estos acordes de manera aislada.

Luego, prueba usando arpegios 3-9 sobre esta secuencia. Las formas de arpegio que necesitas son éstas:

BbMaj7 (3-9)   Bbm7 (b3-9)   Eb7 (3-b9)   Eb7 (3-9)   AbMaj7 (3-9)

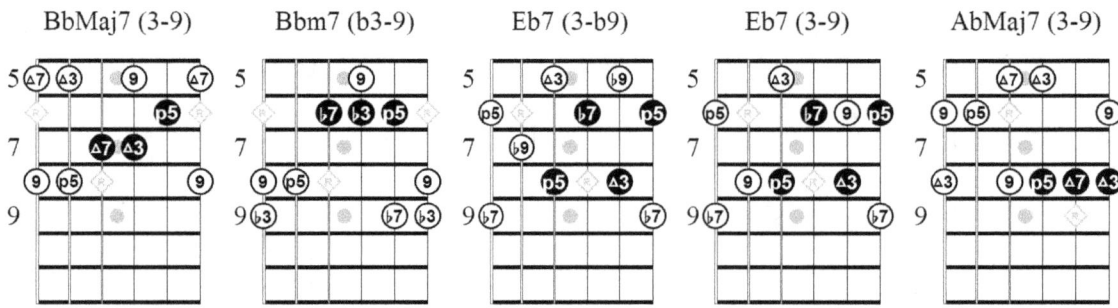

Sin embargo, debes ser cuidadoso. Tanto BbMay7 y Bbm7 tienen el mismo 9no (C). Podrías desear usar un arpegio 3-9 en uno y no en el otro, para introducir una nota "objetivo" extra entre los acordes.

Yo te recomendaría comenzar con un arpegio 1-7 en BbMay7 y un arpegio b3-9 en Bbm7 porque, de otra forma, los primeros tres acordes contendrían la nota Bb. Puedes usar Eb7 (3-9) o Eb7 (3-b9). Personalmente, yo comenzaría con el arpegio 3-b9 extendido.

Ejemplo 5d: (Cuatro cuerdas)

Ejemplo 5e: (Con corcheas)

Ejemplo 5f: (Corcheas con notas de aproximación cromática)

Explora tantas formas como puedas de combinar estos arpegios.

La sustitución m7b5 dominante

Ya que realizar un solo sobre esta progresión ya te es familiar del capítulo 1, este es un buen momento para introducir una nueva sustitución al acorde dominante.

Tocaremos un arpegio m7b5 (séptima menor cinco bemol) en el b7 del acorde dominante.

El acorde dominante en esta progresión es Eb7. El b7 de Eb es Db, de manera que *tocaremos Dbm7b5 sobre Eb7*.

Esta tabla muestra los intervalos que son introducidos tocando un arpegio m7b5 en el b7 del acorde dominante.

Acorde/Arpegio						
Eb7	Eb	G	Bb	Db			
Dbm7b5				**Db**	**Fb (E)**	**Abb (G)**	**Cb (B)**
Intervalos tocados contra la fundamental (Eb7)	1	3	5	b7	b9	3	#5

Cuando tocamos un arpegio m7b5 en el grado b7 de Eb7, los intervalos tocados contra la fundamental (Eb) son b7, b9, 3, #5.

Vuelve a ver el capítulo 2 y refresca tu memoria de la sustitución Dim7. Los intervalos tocados contra la fundamental con esa sustitución eran 3, 5, b7, b9. Esta nueva sustitución m7b5 introduce solo una nueva extensión para el acorde, la #5. A pesar de que solo una nota es diferente en comparación con la sustitución de séptima disminuida, la extensión #5 crea una sensación muy diferente en tu melodía.

Para tocar un arpegio m7b5 en el b7 del acorde Eb7 en esta posición, puedes usar la siguiente figura:

Dbm7b5 (E7#5b9)

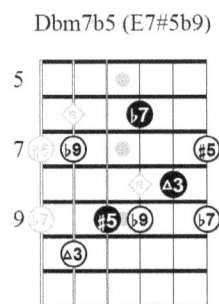

Por ahora, ignora las notas en la cuerda del bajo y comienza tu práctica en la quinta cuerda. Descubrirás que el arpegio se volverá más sencillo de tocar y dominar. Graba un bucle de ti mismo tocando un acorde Eb7 y toca el arpegio Dbm7b5 sustituto.

Escucharás las tensiones alteradas (la #5 y b9) saltando hacia ti y podría sonar un poco extraño en este contexto, pero funcionan hermosamente cuando se resuelven de manera correcta. Esto se muestra en los siguientes ejemplos.

Ejemplo 5g:

Ejemplo 5h:

Ejemplo 5i:

Introducir una nueva sustitución puede tomar mucho tiempo y práctica cuidadosa. No se trata solo de saber la forma del arpegio, sino que deberás aprender a *escuchar* el efecto de las nuevas alteraciones del acorde y también aprender cómo controlarlas (resolverlas).

Recuerda: no hay apuro para avanzar. Sólo intenta incorporar lentamente el nuevo sonido a tu vocabulario.

Los siguientes ejemplos combinan todos los elementos en este capítulo para lograr un fraseo melódico y realista.

Ejemplo 5j:

Ejemplo 5k:

Prueba abordando esta progresión armónica en una nueva posición en el diapasón a medida que ganas más confianza con estos sonidos.

Capítulo 6 – I II7 iim7 V

Esta progresión puede ser escuchada en la *pista de acompañamiento 6*.

Centro tonal: Bb mayor con un acorde II dominante.

Escala madre: Bb mayor sobre el compás tres, cuatro y uno. Usa el mixolidio C sobre el compás dos.

La progresión en este capítulo aparece de manera sorpresivamente regular y tiene una sensación identificable. Suele llevarse a cabo en la música latina, especialmente en el trabajo de Antônio Carlos Jobim.

Esta secuencia de acordes, cuando se ve desde el compás tres en adelante, forma una progresión ii V I en Bb mayor, aunque, en el compás dos, hay una versión dominante del acorde iim7.

Esta secuencia de acordes ocurre en muchas canciones, incluyendo:

- *Take the 'A' Train*

- *Donna Lee*

- *The Girl from Ipanema*

- *Desafinado*

- *Mood Indigo*

Como el 75% de esta progresión armónica ya te es bastante familiar, este capítulo será usado para introducir un grupo específico de sustituciones de acordes en vez de tomar el enfoque paso a paso utilizado anteriormente.

Los acordes y arpegios 1-7 se detallan a continuación, y deberías dominarlos antes de abordar las nuevas sustituciones en este capítulo. Ya conoces el proceso a esta altura, de manera que debes trabajar metódicamente a través de los pasos enseñados en los cinco capítulos anteriores.

Los acordes para esta secuencia pueden ser tocados de la siguiente forma:

Los arpegios 1-7 para estas formas de acordes son:

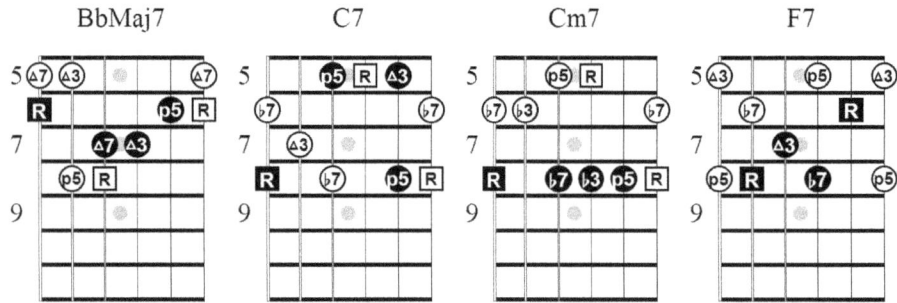

BbMaj7   C7   Cm7   F7

Memoriza estos arpegios antes de aplicarlos a pequeños grupos de cuerdas sobre la pista de acompañamiento. Podrías desear aislar el cambio desde BbMay7 a C7, ya que este es un sonido significativo que está siendo introducido.

Trabaja con estas figuras hasta que estés cómodo tocando líneas de negras sobre la *pista de acompañamiento 6* mientras agregas algunas corcheas y notas de paso cromáticas.

Debido a que la mayoría de las progresiones en este capítulo ya te son familiares, puedes usar esta oportunidad para introducir una nueva secuencia de arpegios extendidos que son regularmente tocados sobre una secuencia de acordes.

Por el resto de este capítulo, los arpegios 3-9 serán usados para realizar solos sobre cada acorde en la progresión aparte del acorde (F7) dominante. En el F7, usaremos la sustitución "m7b5 en el b7" que vimos en el capítulo 5.

Estos arpegios son:

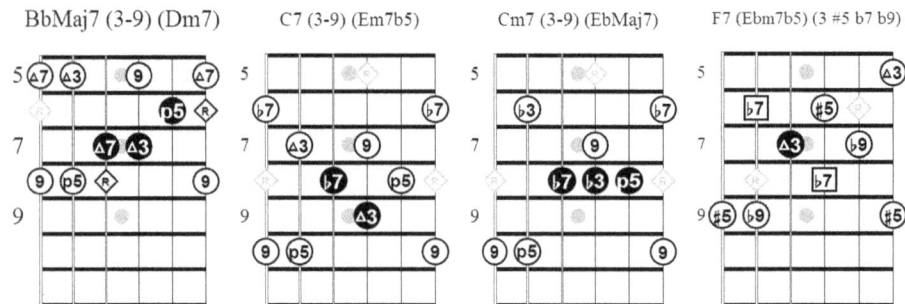

BbMaj7 (3-9) (Dm7)   C7 (3-9) (Em7b5)   Cm7 (3-9) (EbMaj7)   F7 (Ebm7b5) (3 #5 b7 b9)

Cuando formamos un arpegio 3-9 extendido, lo que realmente hacemos es crear un *nuevo* arpegio que comienza desde el 3ro del acorde original. Por ejemplo, en el capítulo 1, página 19, te muestro que las notas del arpegio 3-9 extendido de BbMay7 contienen las notas de un arpegio Dm7.

He agregado los nombres de los nuevos arpegios sustitutos entre corchetes en cada diagrama de más arriba. Recuerda que estamos tocando la "sustitución b7 m7b5" en el acorde F7. El b7 de F es Eb, de manera que el arpegio usado es Ebm7b5.

En los siguientes ejemplos, vamos a "pensar" sólo en el arpegio sustituto que se está tocando en cada acorde. John Coltrane solía hacer esto, y solía escribir cada elección de sustitución sobre su tabla de acordes original. En otras palabras, él no estaba pensando en los cambios en la música, sino que estaba pensando en un grupo diferente de arpegios que podrían ser tocados en lugar de los originales.

El siguiente diagrama muestra la secuencia de acordes con todas las sustituciones escritas entre corchetes sobre los acordes.

Teniendo esto en mente, exploremos ahora las sustituciones de arpegios para esta secuencia de acordes.

Los acordes originales son tocados en la pista de acompañamiento, pero estaremos tocando los arpegios sustituidos entre corchetes.

Ejemplo 6a:

Ejemplo 6b:

Ejemplo 6c:

Profundiza e investiga estas ideas tanto como te sea posible.

Estas sustituciones se empiezan a poner realmente interesantes cuando están tocadas como *secuencias* en las tres primeras cuerdas. Las líneas siguientes son típicas en este tipo de enfoque.

Ejemplo 6d:

Ejemplo 6e:

No olvides practicar el dejar espacio y la construcción de melodías con cada concepto que aprendes. Una forma simple de lograrlo se muestra aquí.

Ejemplo 6f:

Esta secuencia de sustituciones es extremadamente importante de conocer y es a menudo usada por maestros improvisadores para navegar las progresiones ii V I y I VI ii V.

Asegúrate de que entiendes completamente el concepto de "tocar las sustituciones". La idea es comprometerte al arpegio sustituto que estás tocando más que a los cambios originales. Por supuesto, es esencial saber qué cambios están siendo tocados, pero pensando en las sustituciones podrás comprometerte firmemente a una idea melódica y tocarla con una gran cantidad de confianza.

Usa las sustituciones de este capítulo en otras tonalidades. Otra progresión beneficiosa en la que puedes usar este enfoque es la siguiente:

La sustitución 'm7b5 en b7' puede ser usada en el acorde G7b9 usando la misma forma de arpegio que en el arpegio Ebm7b5 de este capítulo. Sencillamente mueve toda la figura hacia arriba por un tono para que se convierta en Fm7b5. Aquí tienes un ejemplo:

Ejemplo 6g:

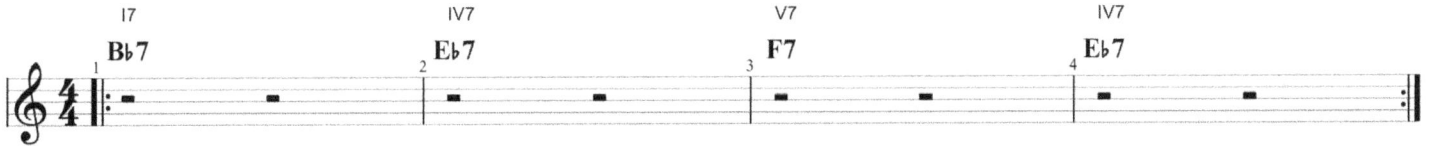

Esta progresión puede ser escuchada en la *pista de acompañamiento 7.*

Puedes pensar en esta secuencia como un blues de 12 compases "destilado". Este capítulo estudia cómo vincular arpegios sobre los sonidos más fuertes en la progresión de blues.

Centro tonal: Basado en torno de los acordes I, IV y V de Bb mayor. Todos los acordes son convertidos en voicings de séptima dominante.

Escala madre: La primera elección de aproximación de escala sería usar una escala mixolidia sobre cada acorde de a uno por vez. Es decir, Bb mixolidio, Eb mixolidio y F mixolidio.

Algunas canciones populares de jazz blues incluyen:

- *Billie's Bounce*

- *C Jam Blues*

- *Au Privave*

- *Straight No Chaser*

El blues de 12 compases es una de las formas de jazz más popularmente tocada, y aunque los músicos de jazz agregan de manera rutinaria algunos cambios y modificaciones a la forma básica, en el corazón de todas estas progresiones se encuentra la secuencia tradicional que probablemente ya conozcas bien:

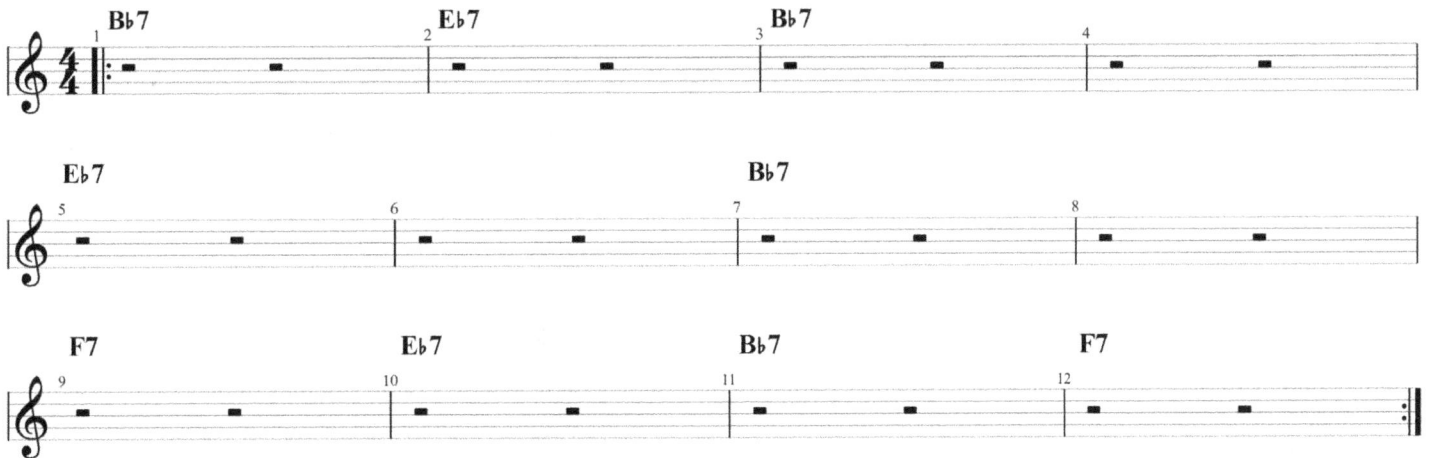

La modificación más común para esta progresión es agregar un turnaround "I VI ii V" sobre el compás final, aunque hay muchas otras variaciones que serán estudiadas en capítulos posteriores. La forma completa del *jazz* de 12 compases suele ser una variación del siguiente:

En este capítulo examinamos los tres acordes que forman el blues de 12 compases "original", ya que estos acordes son la semilla de la que, con el tiempo, nacen y crecen todas las progresiones de jazz.

Los voicings de acordes básicos pueden ser tocados de la siguiente manera:

Estos son los arpegios que necesitarás para poder realizar solos sobre estos acordes en una posición:

Comienza aprendiendo a unir estos arpegios en pequeñas áreas del diapasón. De a poco, trabaja a través de la guitarra usando grupos de dos, tres y cuatro cuerdas.

El arpegio Eb7 es la única forma nueva que debes aprender.

Ejemplo 7a: (Tres cuerdas)

Ejemplo 7b: (Cuatro cuerdas)

Ejemplo 7c: (Cuatro cuerdas con variación rítmica)

Luego, toca los tonos de acordes en el tiempo usando notas de aproximación cromática y tonos de la escala.

Ejemplo 7d:

Ejemplo 7e:

Arpegios 3-9

Como ya has estudiado los arpegios 3-9 para los acordes B7 y F7 en esta posición, aplicar estos arpegios aquí debería ser bastante directo. Mucha de esta información ya ha sido cubierta, así que en vez de darte ejemplos de 3-9 aquí, te dejaré hacer tu propio proceso de exploración. Este tipo de práctica auto motivada es muy beneficiosa. Para tu referencia, las formas de arpegios que necesitas son:

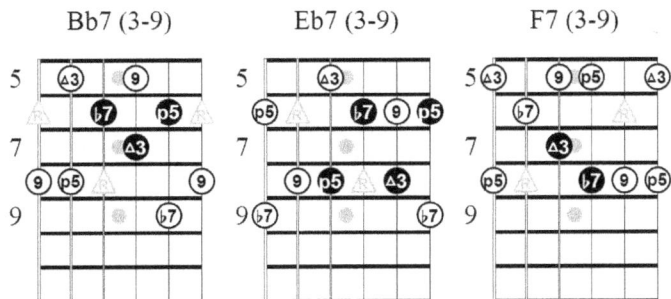

Bb7 (3-9) Eb7 (3-9) F7 (3-9)

Sustituciones 7b9

En el movimiento de Bb7 a Eb7, el acorde Bb7 está actuando como un acorde dominante para Eb7 y forma una relación funcional V-I.

Puede sonar un poquito extraño usar una sustitución 7b9 para todo el compás Bb7, ya que Bb7 es el acorde tónico en la progresión, pero usándolo por un período corto hacia el *final* del compás Bb7 podemos crear una tensión interesante que se resuelve bien hacia Eb7.

Como siempre, hay muchas otras sustituciones que pueden ser usadas a esta altura, pero la sustitución 7b9 disminuida es una manera sencilla de agregar tensión e interés melódico. La sustitución B7b9 (arpegio D Dim7) puede ser tocada de la siguiente forma:

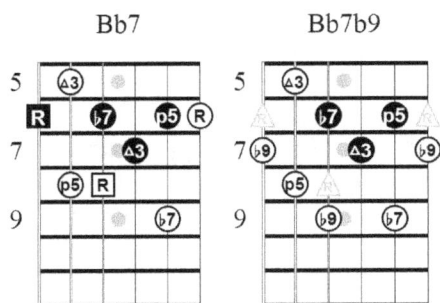

Bb7 Bb7b9

Las siguientes líneas usan corcheas en el Bb7 y muestran el uso de una sustitución Dim7 al final del compás.

Ejemplo 7f:

Ejemplo 7g:

Solo una nota cambia entre el Bb7 y el arpegio D de séptima disminuida, pero esa pequeña cantidad extra de tensión le agrega mucho interés.

Las sustituciones dominantes son frecuentemente aplicadas al *compás cuatro* de un jazz blues completo justo antes de que el acorde I se mueva hacia el acorde IV. Teniendo todo un compás de música con el que tocar, puedes ponerte muy creativo con las sustituciones. Para más ideas, échale un vistazo a las ideas tritonales en el capítulo 12.

Los siguientes ejemplos contienen muchos enfoques de arpegios, tales como los arpegios 1-7, 3-9 y 3-b9. También usan ideas de notas de aproximación cromática para tocar tonos de arpegios variables.

Ejemplo 7h:

Ejemplo 7i:

Prueba las ideas de este capítulo en la siguiente posición en el diapasón:

Para más información y lecciones detalladas sobre la progresión de jazz blues, échale un vistazo a mi libro **Solos de jazz blues para guitarra**.

Capítulo 8 – ii V I menor

Esta progresión puede ser escuchada en la *pista de acompañamiento 8*.

Centro tonal: Bb menor (normalmente vista como menor armónica, pero puede ser vista como menor melódica).

Escala madre: Bb menor armónica, pero es normal tocar locrio o locrio nat 9 en el iim7b5.

La progresión ii V i menor es extremadamente común y ocurre en muchas canciones. Funciona como un "punto final" musical de una forma muy similar a la de ii V I mayor.

La teoría relacionada con la construcción de la ii V I menor es un poco menos compleja que la de su equivalente mayor, de manera que solo nos enfocaremos en el acorde en sí, por ahora, más que en sus orígenes.

Para mucha más información y estudios de la ii V i menor, échale un vistazo a mi libro ***Dominio del ii V menor para guitarra***.

Las canciones que presentan la secuencia ii V I menor extensamente incluyen:

- *Alone Together*

- *Summertime*

- *Softly, as in a Morning Sunrise*

- *Beautiful Love*

- *Autumn Leaves*

Aprende algunas de estas canciones para obtener una sensación de cómo se siente musicalmente la secuencia ii V i menor.

La ii V i menor introduce el acorde m7b5. Sus intervalos son: 1, b3, 5, b7; y esto, por supuesto, está copiado por su arpegio. En la progresión anterior, he mostrado al acorde dominante como un voicing 7b9. Sin embargo, existen muchas otras alteraciones cromáticas disponibles para este acorde.

Los acordes para la progresión ii V i menor pueden ser tocadas de esta manera en la tonalidad de Bb menor:

Cm7b5 **F7** **Bbm7**

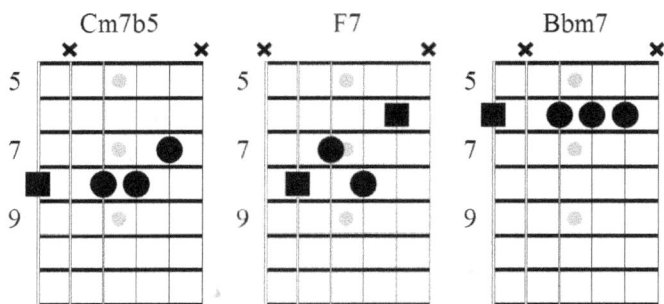

No es poco común ver al acorde tónico (Bbm7) tocado como un acorde *BbmMay7*. Abordaremos este tema más adelante. Los arpegios para cada acorde pueden ser tocados de la siguiente manera:

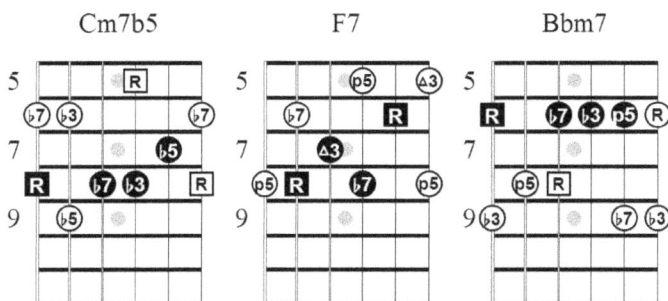

Cm7b5 **F7** **Bbm7**

Aprende los nuevos arpegios siguiendo los pasos que se detallan en el capítulo 1.

Una cosa importante que debes notar en esta secuencia de arpegios es que sólo dos notas cambian entre Cm7b5 y F7. El b5 de Cm7b5 cae en la fundamental de F7 y el b7 de Cm7b5 cae el 3ro de F7.

Deberías estar consciente de que si una sustitución 7b9 es usada en el acorde F7, entonces sólo una nota cambia entre el arpegio Cm7b5 y el F7b9. Musicalmente, no es malo ni bueno, pero debido a que este libro se enfoca en el targeting (focalización) de los tonos de acordes variables, no es la sustitución más útil de explorar.

Como siempre, comienza usando un grupo de dos cuerdas para practicar el targeting de los cambios y muévete gradualmente el grupo de dos cuerdas a través de las cuerdas antes de pasar a los grupos de tres y cuatro cuerdas. La paciencia aquí te ayudará a ganar fluidez muy rápidamente.

Intenta agotar cada posibilidad antes de mover otro grupo de cuerdas o agregar una cuerda más.

Ejemplo 8a: (Grupo de dos cuerdas)

Ejemplo 8b: (Grupo de tres cuerdas)

Ejemplo 8c: (Introduciendo corcheas en el tiempo cuatro)

Consulta los capítulos anteriores para obtener más ideas sobre cómo introducir nuevos ritmos.

Luego, agrega algunos patrones de notas de aproximación cromática.

Ejemplo 8d: (Grupo de dos notas)

Ejemplo 8e: (Grupo de tres cuerdas)

Extensiones y sustituciones

Existe una gran cantidad de sustituciones y enfoques que pueden ser usados cuando se realizan solos sobre progresiones ii V i menores. Solo puedo arañar la superficie aquí pero, para mucha más información, consigue mi libro *Dominio del ii V menor para guitarra jazz* ya que profundiza en esta progresión tan importante para la guitarra de jazz.

La primera etapa consiste en examinar los arpegios 3-9 extendidos sobre cada acorde. Debido al hecho de que hay un poco de ambigüedad con respecto a la construcción de la progresión menor ii V, me ocuparé de tratar el acorde ii (Cm7b5) como si derivara del 7mo grado de la escala mayor.

Para clarificar la teoría de esto, por favor echa un vistazo al libro *Dominio del ii V menor para guitarra jazz*.

Aquí tienes los arpegios 3-9 para los acordes Cm7b5 y Bbm7. Por el momento, usa la sustitución disminuida en el F7.

Enfócate en el arpegio Cm7b5 b3-b9 extendido. ¿Puedes ver que las notas forman un nuevo arpegio Ebm7? He marcado la nueva fundamental con un diamante.

Ahora, observa el arpegio Bm7 b3-9. ¿Puedes ver que el nuevo arpegio que se ha formado es un arpegio DbMay7? De nuevo, la nueva fundamental está marcada con un diamante.

Saber que un arpegio 3-9 extendido siempre formará un nuevo arpegio 1-7 del 3ro del acorde original es muy útil, porque todos los licks que ya conocemos alrededor del nuevo arpegio pueden ser usados sobre el acorde original.

Un poco de teoría importante sobre acordes de séptima disminuida

En cada uno de los capítulos anteriores, hemos usado una sustitución de séptima disminuida en el 3ro del acorde F7 dominante para crear un sonido 3-b9 modificado.

Algo importante que debes saber sobre los acordes disminuidos es que son *simétricos*. En la música, un acorde o arpegio simétrico es aquel en el que *todas las notas están a una distancia igual entre sí.* En un acorde disminuido, cada nota tiene un 3ro menor (un tono y medio) de distancia con la siguiente.

Esto puede ser visto sencillamente si tocamos las notas de A Dim7 con una cuerda:

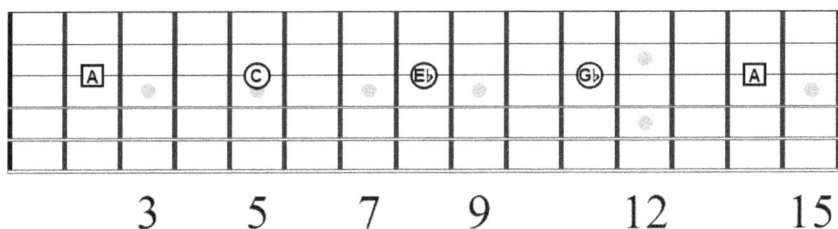

Como todas las notas tienen la misma distancia entre sí, *cualquier* nota puede ser vista como la fundamental del acorde. Por ejemplo, el acorde de A Dim7 es el mismo que C Dim7, Eb Dim7 y Gb Dim7.

Debido a que el arpegio de A Dim7 es idéntico al arpegio de Eb Dim7, puedes realizar un solo sobre los primeros dos acordes de esta progresión *pensando* Ebm7 a Eb Dim7. (Recuerda, Ebm7 es el arpegio 3-9 extendido de Cm7b5.) Por ejemplo:

Ejemplo 8f:

Usar sustituciones de esta forma no solo nos permite introducir nuevos tonos de acordes y extensiones en nuestra interpretación, sino que también nos puede ayudar a simplificar nuestro proceso de pensamiento sobre los cambios de acorde difíciles.

Para esta altura, ya sabes cómo explorar estos arpegios, así que usa la *pista de acompañamiento 8* para explorar estos arpegios sobre la ii V i menor en Bb.

Comienza usando el arpegio 1-b7 de posición fundamental en el acorde Bbm7, e introduce su arpegio b3-9 más adelante cuando te sientas seguro con los arpegios extendidos en los acordes ii y V. Recuerda agregar poco a poco tonos de aproximación cromática y también trabajar en dejar espacio para formar melodías memorables.

Otra sustitución de arpegios importante para que aprendas (cuando estés listo) consiste en usar un *arpegio de séptima mayor en el b5 del acorde m7b5*.

Sobre el acorde Cm7b5 tocarías un arpegio GbMay7 creando los intervalos b5, b7, b9 y 11 sobre el acorde Cm7b5:

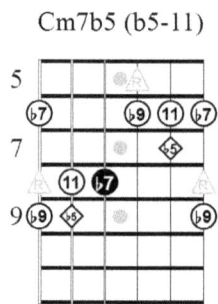

Cm7b5 (b5-11)

Este es un gran sonido cuando se usa en conjunto con las ideas disminuidas de la página anterior. Lee la página anterior de nuevo para recordar que el A Dim7 es el mismo que el Gb Dim7.

Esto es verdaderamente útil porque ahora tenemos otra forma sencilla de *pensar* nuestro camino a través de los cambios:

Sobre el campo de acordes de Cm7b5 a F7, podemos *pensar* GbMay7 a Gb Dim7. Esto se muestra en el siguiente ejemplo.

Ejemplo 8g:

En el ejemplo 5f, pensábamos en términos de arpegios Eb sobre los primeros dos acordes de la secuencia, y en el ejemplo 5g pensábamos en términos de arpegios Gb sobre los primeros dos acordes. Este tipo de simplificación puede hacer que las secuencias más complejas se vuelvan más sencillas para realizar acordes, y nos ayudará a crear melodías fuertes en vez de "correr detrás de los cambios".

Una sugerencia final que se vincula con el ejemplo 5g es tocar un arpegio Fm7 sobre el acorde final Bbm7. Si hemos estado pensando en términos de arpegios Gb en los acordes ii and V, no será muy difícil sencillamente bajar un semitono a Fm7 (el 5to de Bbm7) y tocar un arpegio m7 en el acorde i.

Tocar un arpegio Fm7 sobre Bbm7 apunta a los intervalos 5, b7, 9 y 11.

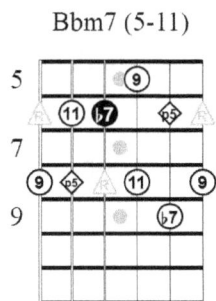

Bbm7 (5-11)

El ejemplo siguiente usa la secuencia de arpegios GbMay7 - GbDim7 - Fm7 sobre la secuencia ii V i menor.

Ejemplo 8h:

Existen muchas sustituciones posibles para explorar, pero todas deberían ser investigadas partiendo de una base sólida del conocimiento de los arpegios 1-7 básicos.

A medida que tu confianza con los arpegios se desarrolla, podrías querer usar un enfoque de escalas para tocar sobre esta secuencia. La escala de Bb menor armónica funciona muy bien sobre toda la progresión y la pentatónica Bb menor (blues) funciona perfectamente en el acorde Bbm7.

Bb Harmonic Minor   Bb Pentatonic (Blues)

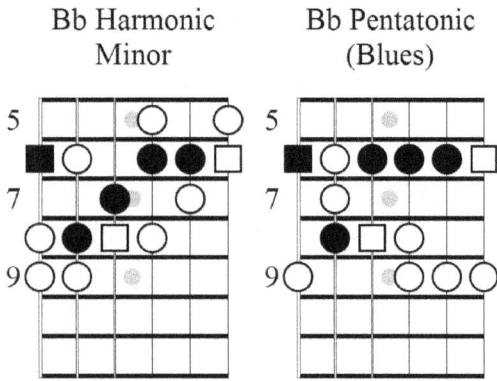

Cuando aprendas a realizar solos sobre los cambios de acorde de jazz, siempre debes trabajar en la articulación de los arpegios antes de usar un enfoque de escalas.

Los arpegios y las notas de aproximación cromática forman el lenguaje del jazz (especialmente el bebop). Las escalas son una manera de rellenar los espacios entre los tonos de arpegio abordados.

Ejemplo 8i:

Ejemplo 8j:

Cuando te sientas confiado con la ii V i menor en esta posición, comienza a explorar la siguiente área de la guitarra:

Cm7b5

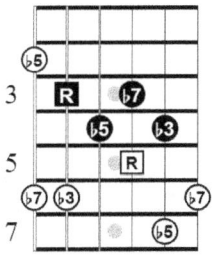

F7

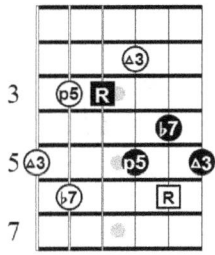

Bbm7

Capítulo 9 – El blues menor

Esta progresión puede ser escuchada en la *pista de acompañamiento 9.*

Centro tonal: C menor.

Escala madre: Se puede usar la C menor armónica sobre toda esta progresión, pero la C eólica es una elección mucho más común. También se utiliza la C menor pentatónica/blues.

El blues menor es una de las progresiones de jazz más frecuentemente tocadas, y es una petición especialmente común en las noches de improvisación musical. A pesar de ser normalmente tocada en un tempo acelerado, esta progresión del blues de 12 compases difiere del jazz blues "estándar" debido a su centro tonal menor, y la relativa simpleza de su armonía. Un blues menor completo a menudo se podría ver similar a esto:

Como puedes ver, hay largos períodos de acordes estáticos y la mayoría del interés armónico es generado por el Ab7 no diatónico en el compás nueve. En una escala menor armónica armonizada, el acorde bVI naturalmente forma un acorde May7. Hay solo una nota de diferencia entre el Ab7 *escrito* y el AbMay7 diatónicamente "correcto", de manera que la mayoría de los improvisadores ignorarán este conflicto, especialmente en los tempos acelerados.

Las canciones de jazz que usan la estructura del blues menor incluyen:

- *Mr PC*

- *Equinox*

- *Blue Train*

- *Israel*

Todas las canciones anteriores son variaciones del blues menor de 12 compases, aunque contienen diferentes cambios y sustituciones.

Los acordes para la progresión de un blues menor "básico" pueden ser tocados de la siguiente forma:

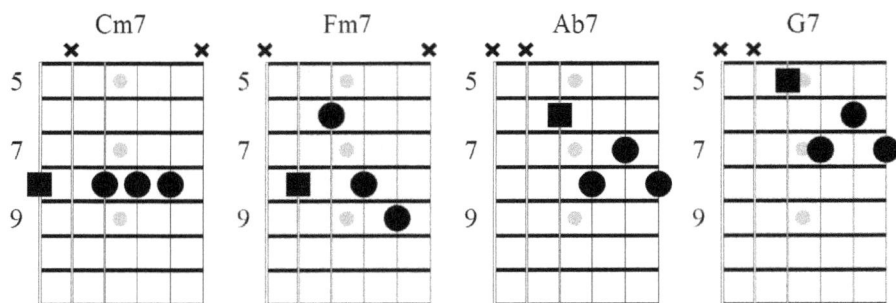

Cm7   Fm7   Ab7   G7

A pesar del hecho de que el acorde tónico es un Cm7 (a menudo escrito como Cm en la tabla de acordes de un blues menor), existen dos grandes opciones de arpegios que puedes usar sobre C menor.

Debido a que esta progresión deriva de la escala C menor armónica, un arpegio C mMay7 (pronunciada "C menor mayor 7") es una buena elección sobre el acorde Cm7.

Un arpegio mMay7 tiene la fórmula 1 b3 5 7. Es una *tríada* menor con una 7ma natural (o mayor) agregada, y tiene una nota de diferencia con respecto al arpegio regular m7 que hemos estado usando hasta el momento.

Te sugiero que comiences aprendiendo a realizar solos sobre los cambios usando el arpegio m7 que aparece a continuación y, cuando te sientas más fluido, introduce el arpegio mMay7 en tu interpretación.

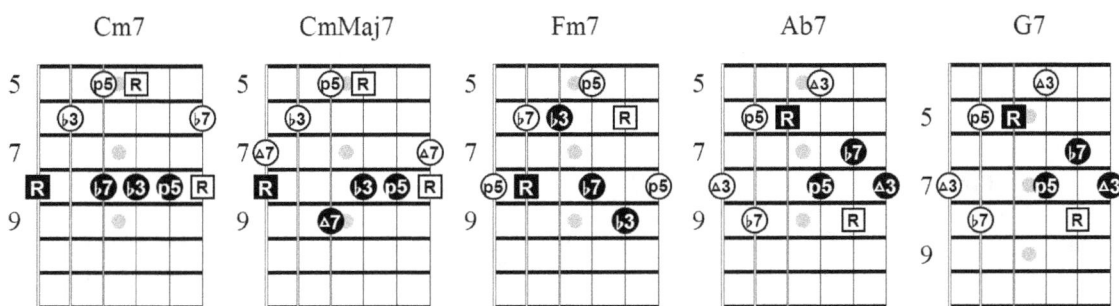

Cm7   CmMaj7   Fm7   Ab7   G7

Un punto importante de mencionar es que tocar un arpegio Ab7 *tanto* sobre el acorde Ab7 como sobre el acorde G7 en este blues menor también suena increíble. En vez de que el solista se vea forzado a seguir los acordes, podremos tocar un arpegio para dos compases y dejar que la armonía incremente la tensión en la línea del solo.

Comienza usando los arpegios 1-7 sobre áreas pequeñas del diapasón antes de agregar notas de aproximación cromática a los cambios de acorde y de introducir corcheas.

Recuerda, los siguientes ejemplos son solo la punta del iceberg y simplemente te muestran el proceso. La forma más beneficiosa en la que puedes usar este libro es agotar cada posibilidad tanto como seas capaz.

Aprende las melodías de algunas de las canciones mencionadas anteriormente e incorpora estos ejercicios a tus solos (*Mr PC* es una buena canción para comenzar).

Ejemplo 9a: (Grupo de dos cuerdas)

Ejemplo 9b: (Grupo de tres cuerdas)

Ejemplo 9c: (Grupo de cuatro cuerdas con notas de aproximación cromática)

Cuando sientas que has ganado fluidez con estos arpegios, prueba dejando que la melodía respire un poco y agrega un poco de espacio entre las frases.

Un buen ejercicio es comenzar una línea a mitad de camino de un compás y tocar una melodía que fluya a través del cambio de acorde. Aquí tienes una idea para ayudarte a comenzar.

Ejemplo 9d:

Luego, será momento de introducir los arpegios 3-9 extendidos en cada acorde. Pueden ser tocados de la siguiente manera:

Nota que he usado el arpegio 3-9 en el acorde Ab7 y el arpegio 3-b9 en el acorde G7. Esto se debe a que la nota b9 del G7 es Ab y tú ya has escuchado este tono como la fundamental del acorde Ab7 en el compás anterior.

Una vez que hayas aprendido estos arpegios, aplícalos a pequeños grupos de cuerdas y luego encuentra formas de moverte cromáticamente entre los cambios de acorde.

Ejemplo 9e: (Tres cuerdas)

Ejemplo 9f: (Cuatro cuerdas con notas de aproximación cromática)

Ejemplo 9g: (Combinación de arpegios 1-7 y 3-9)

Finalmente, toma un enfoque más melódico y piensa sobre el espacio y las líneas fluidas. Cuando estés usando estas ideas en un blues de 12 compases completo, podrás unir todas estas ideas con la escala C de blues menor.

Ejemplo 9h:

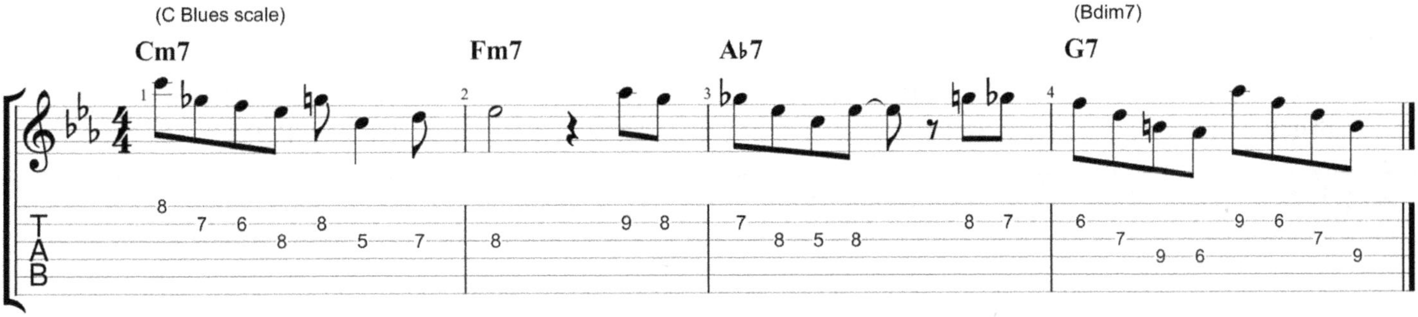

Capítulo 10 – I biiDim7 ii biiiDim7

Imaj7	biiDim7	iim7	biiiDim7
B♭maj7	**Bdim7**	**Cm7**	**C♯dim7**

Esta progresión puede ser escuchada en la *pista de acompañamiento 10*.

Centro tonal: Bb mayor.

¿Cuándo es que una serie de sustituciones se convierte en una secuencia de acordes en sí misma? Esta es la pregunta que me tuve que hacer antes de incluir la progresión anterior en este libro. Los primeros tres compases de esta secuencia funcionan como una sustitución para la progresión I VI ii que fue abordada en los capítulos 2 y 3.

El acorde B Dim7 en el compás dos está funcionando como una sustitución para el acorde G7b9. Recuerda que podemos construir un acorde disminuido en el 3ro de un acorde dominante (es decir, B Dim7 en un acorde G7) para implicar una tensión 7b9.

Teniendo esto en mente, los primeros tres acordes de esta secuencia pueden ser vistos como BbMay7 – G7b9 – Cm7, una progresión armónica que te alenté a investigar en la página 36. Sin embargo, hay un pequeño giro en el compás cuatro, ya que esperaríamos ver un acorde o sustitución F7 que nos lleve de vuelta al BbMay7 tónico.

De todas formas, el acorde C# Dim7 en el compás cuatro *no* implica al F7b9 como podrías esperar. C# es el 3ro de *A7*, no F7, así que el C# Dim7 en el compás cuatro es un sustituto de A7b9.

A7b9 es el acorde dominante de D, así que el compás cuatro sugiere fuertemente que el siguiente acorde será probablemente un Dm7. Ya sabemos que Dm7 es una sustitución común para el acorde de BbMay7, porque Dm7 es el arpegio creado cuando formamos el arpegio 3-9 BbMay7.

Otra forma de ver esto es examinar las notas del bajo de cada acorde. Ellas forman la secuencia cromáticamente ascendente Bb, B, C, C#... El siguiente acorde está prácticamente rogando convertirse en un Dm7.

Este tipo de sustitución es común y proporciona una gran manera de agregar interés a la secuencia I VI ii V frecuentemente tocada. Agregando un A7b9 en el compás cuatro y resolviendo hacia Dm7 (BbMay9), la armonía le dará nueva vida a la secuencia.

Los acordes para esta secuencia pueden ser tocados usando estas formas de acordes:

BbMaj7 **B Dim7** **Cm7** **C# Dim7**

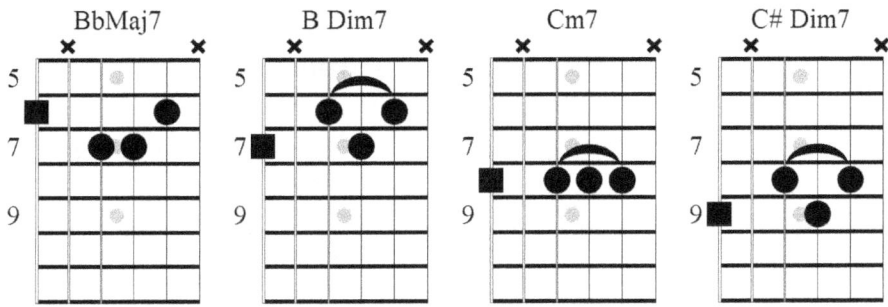

Los arpegios para estos acordes pueden ser tocados de la siguiente manera:

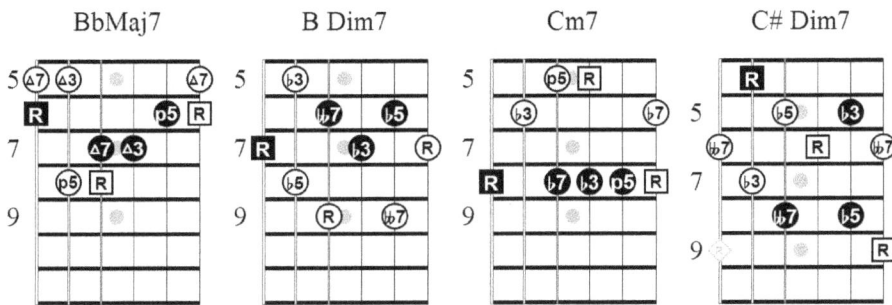

BbMaj7 **B Dim7** **Cm7** **C# Dim7**

A pesar de que la nota C# está un tono completo por encima de B, nota que puedes mover el arpegio B Dim7 *hacia abajo* por un semitono para tocar un arpegio C# Dim 7 (Bb Dim7 y C# Dim7 contienen las mismas notas).

De hecho, cuando estoy tocando el arpegio C# Dim7, estoy realmente *pensando* Bb Dim7, porque tiene la misma fundamental que el acorde tónico (BbMay7) y por eso es más sencillo de ver y recordar.

Comienza como siempre, aprendiendo los arpegios anteriores y luego trabaja con pequeños grupos de cuerdas para dominar los cambios.

Ejemplo 10a: (Cuerdas bajas)

Ejemplo 10b: (Cuerdas altas)

Ejemplo 10c: (Ideas cromáticas y corcheas)

Ejemplo 10d: (Enfoque melódico)

Ejemplo 10e:

Cuando busquemos sustituciones de arpegios para tocar sobre estos cambios, será importante tener en mente la función de cada acorde, particularmente el C# Dim7 en el compás cuatro.

Recuerda, el C# Dim7 es realmente un sustituto para un acorde A7, de manera que cualquier sustitución de arpegios que puedas usar sobre A7 funcionará aquí.

Esto quiere decir que no estamos limitados a tocar solo el arpegio C# Dim7 (A7b9). En vez de eso, te propongo que usemos la sustitución de *m7b5 en b7* para este acorde. El b7 de A es G, de manera que tocaremos un arpegio Gm7b5 sobre el C# Dim7 en el compás cuatro.

Para el compás uno del BbMay7, valdrá la pena mantener este arpegio como un 1-7 simple, ya que la probabilidad es que el acorde en el *quinto* compás de esta progresión sería Dm7.

Recuerda que el arpegio 3-9 extendido de BbMay7 forma un arpegio Dm7, de manera que tocándolo en el compás uno, perdemos una oportunidad de desarrollar la armonía más adelante en el compás cinco. Por supuesto, esto es bastante subjetivo y no hay absolutamente nada malo con tocar Dm7 sobre BbMay7 en el compás uno.

Para mantener las cosas simples, dejaremos el arpegio B Dim7 como está, e introduciremos el arpegio b3-9 en el Cm7.

La nueva secuencia de arpegio se convierte en:

BbMaj7   B Dim7   Cm7 (b3-9)   Gm7b5 / A7b9   BbMaj7 (3-9)

Moviéndose a:

Usa los siguientes ejemplos como un punto de partida para tus propias investigaciones.

Ejemplo 10f:

Ejemplo 10g:

Ejemplo 10h:

Recuerda trabajar en pequeños grupos de cuerdas cuando sea que introduzcas un nuevo arpegio o sustitución.

A medida que ganas confianza, intenta expandir estos conceptos hacia las siguientes áreas del diapasón.

Capítulo 11 – ii Vs descendentes

Esta progresión puede ser escuchada en la *pista de acompañamiento 11*.

Centro tonal: Bb mayor.

Escala madre: Ninguna, pero "pensar" en términos de mixolidio del acorde dominante en cada compás es una buena opción en los tempos acelerados.

La secuencia de acordes en este capítulo es una de las secuencias más delicadas en el jazz. Una serie de ii Vs cromáticamente descendentes son tocados, y comienzan desde el acorde iii del punto de resolución eventual de Bb mayor.

Debería tenerse en cuenta que este tipo de secuencia de acordes descendente puede comenzar en cualquier punto de una canción, y no necesariamente se resuelve hacia la tonalidad de la tónica. Por ejemplo, el compás cuatro de la progresión anterior podría fácilmente ser Bm7, Fm7 o hasta Gbm7.

Este tipo de secuencia descendente es una gran característica de un estilo "Charlie Parker" del blues, y puede ser escuchado en canciones tales como:

- *Blues for Alice*

- *Four on Six*

- *Satin Doll*

- *West Coast Blues*

Si bien es posible realizar un solo sobre esta progresión armónica en una posición de la guitarra, es mucho más práctico "seguir" los acordes hacia abajo a lo largo del diapasón de la guitarra y usar ritmo y cromáticas para agregar interés a la línea melódica.

Que estemos usando figuras descendentes en la guitarra no significa que nuestra melodía también necesite descender. Debido a que la secuencia de acordes está bastante abarrotada, tocar melodías ascendentes y dispersas sobre los cambios puede agregar un gran interés a la línea melódica, como podrás ver luego.

Las formas de acordes que debes aprender para esta secuencia son las siguientes:

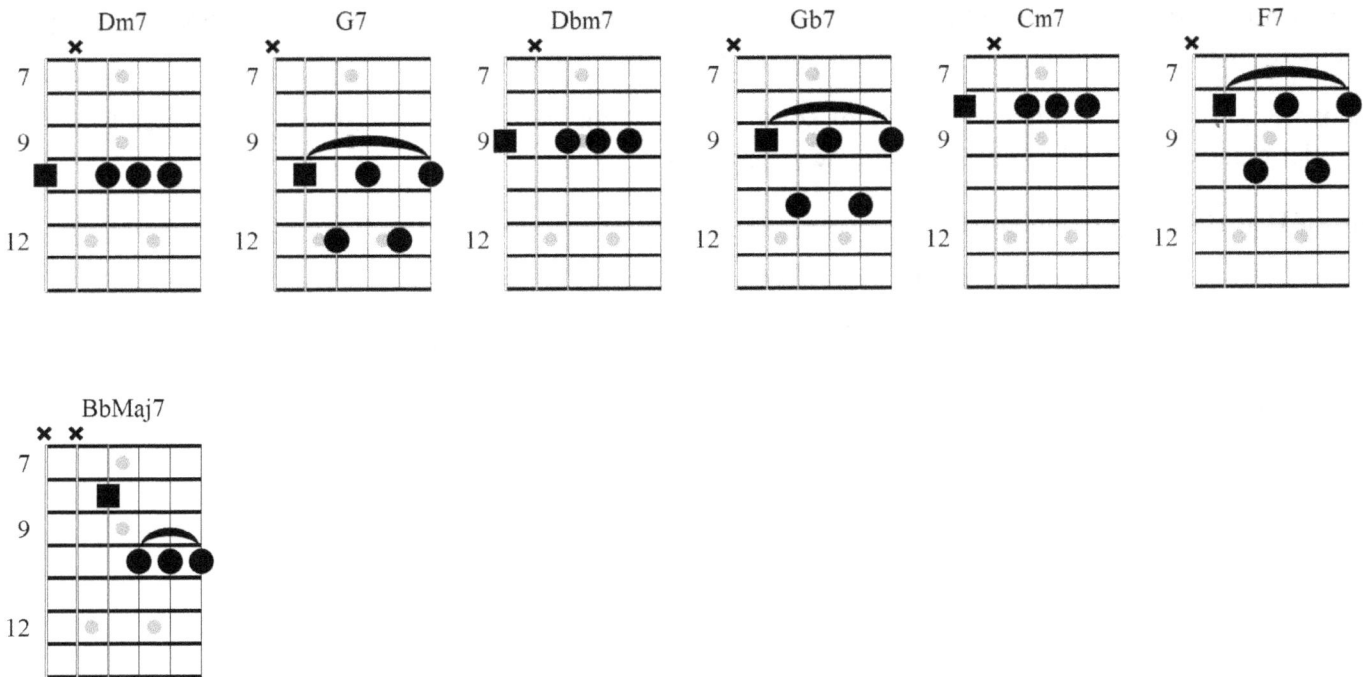

Como puedes ver, estamos usando el mismo par de acordes para descender a lo largo del diapasón en cada compás.

Los arpegios para estas formas de acordes son:

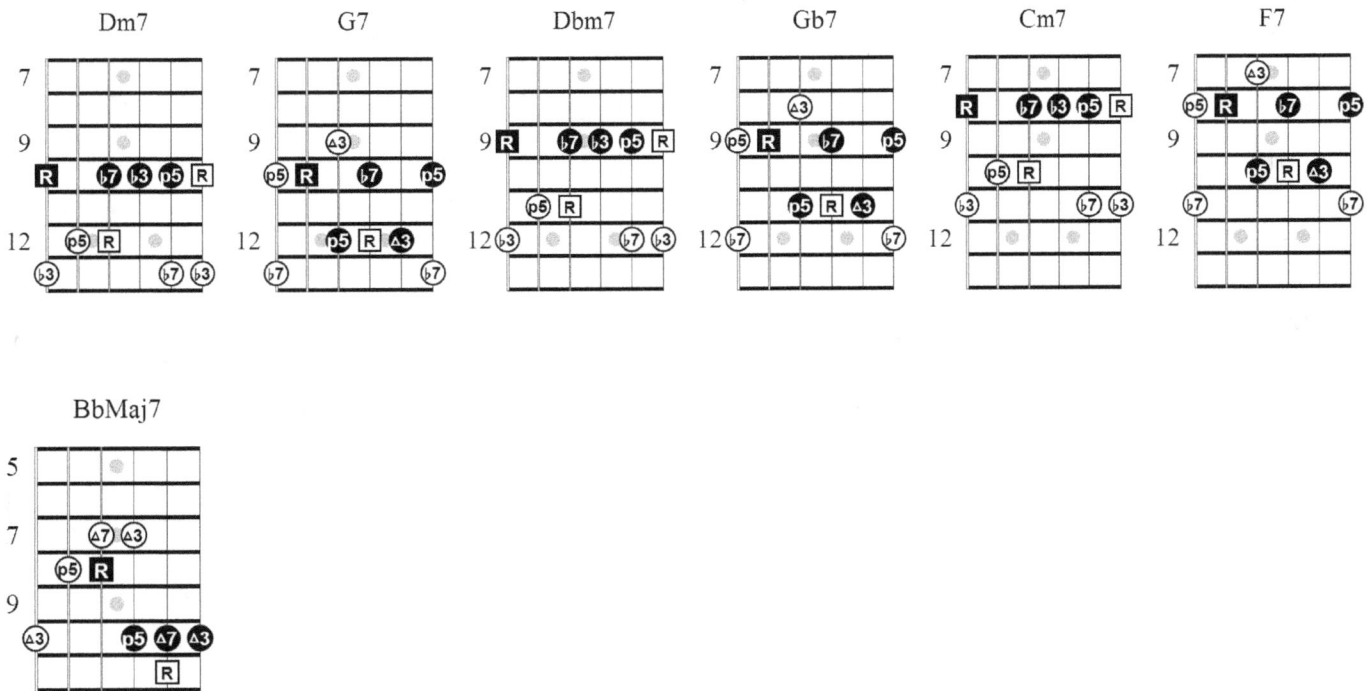

Esto podría parecer un número de notas intimidante, pero la verdad es que hay sólo tres pares de arpegios descendentes aquí. Podemos tocar tanto o tan poco como nos guste cuando los usamos.

Comenzaremos con una técnica común en los solos de jazz, y tocaremos solo los 3ros y 7mos de cada acorde para poder crear una melódica cromáticamente descendente.

Ejemplo 11a: (Cuerdas del medio)

Ejemplo 11b: (Cuerdas de arriba)

Por supuesto, puedes abordar cualquier tono de arpegio en el cambio de acorde, pero los *tonos guía* 3 y 7 son un lugar muy fuerte para comenzar.

Luego, toca un motivo melódico que descienda junto con los cambios.

Ejemplo 11c:

No tienes la obligación de tocar sobre cada acorde, y a su vez dejar mucho espacio puede ser muy efectivo. El ejemplo siguiente usa una idea cromática para abordar el 3ro del acorde dominante en cada compás.

Ejemplo 11d:

Intenta tocar algunas líneas que aborden tonos de acordes sólo desde el acorde iim7 en cada compás.

Los siguientes ejemplos se enfocan en el 9no de cada acorde menor y usan una carretilla (sucesión) de corcheas cromáticas. Has aprendido estas formas de arpegios 3-9 en el capítulo 5.

Ejemplo 11e:

Por supuesto, las líneas se pueden poner tan cromáticas y complejas como te guste:

Ejemplo 11f:

Cuando estés trabajando en ideas como éstas en la sala de ensayo, será muy importante que escuches a tus músicos favoritos improvisando sobre estos cambios. A menudo, yo me siento con la tabla de acordes completa frente a mí y simplemente escucho *dónde* el solista toca sus líneas.

Te sorprenderá notar que los solistas individuales a menudo dejan espacio sobre los mismos cambios de acorde en cada coro. Puedes leer todo lo que desees sobre esto, pero yo encuentro verdaderamente reconfortante saber que hasta los mejores intérpretes tienen un número limitado de formas en las que abordan un solo.

Otra idea que ocurre frecuentemente es la de tocar en movimiento contrario a los cambios de acorde. Esta secuencia de acordes desciende rápidamente así que, ¿por qué no construyes algunas líneas que asciendan en contraste con la armonía?

Planear algunas líneas y luego embellecerlas puede ser una gran forma de encontrar una melodía ascendente entre cambios descendentes delicados.

Primero, encontremos notas de arpegio específicas que asciendan sobre cada acorde en la progresión. Esto puede ser más sencillo de llevar a cabo más abajo en el diapasón, pero nos quedaremos en esta área porque ya es algo familiar para ti.

El intervalo de cada tono de arpegio está escrito debajo de la notación.

Ejemplo 11g:

Ahora que ya he creado un camino ascendente a través de los cambios, puedo rellenar los espacios con notas de paso cromáticas. Ten en cuenta que sólo hay una nota que desciende en la siguiente melodía. Yo fui forzado a hacer esto cuando los dos tonos de arpegio más cercanos estaban sólo a un semitono de distancia.

Ejemplo 11h:

Finalmente, puedo agregar algunas corcheas y agregar espacio para crear una frase ascendente más melódica.

Ejemplo 11i:

Este puede ser un proceso bastante desafiante, pero estas líneas ascendentes realmente ayudan a que tus solos sobresalgan melódicamente.

Aprende estos arpegios en otras posiciones en el diapasón y escribe tantas líneas propias como puedas. Intenta aprender la siguiente secuencia de arpegios cuando te sientas más confiado con las que aparecen en este capítulo.

Capítulo 12 – La sustitución tritonal

Esta progresión puede ser escuchada en la *pista de acompañamiento 12.*

Centro tonal: Bb mayor

La sustitución tritonal es un recurso extremadamente útil tanto en la composición de jazz como en los solos. El concepto es el siguiente:

Puedes sustituir cualquier acorde de séptima dominante funcional por otro acorde de séptima dominante que esté a un b5to (tres tonos) de distancia.

Por ejemplo, la sustitución tritonal de G7 es Db7 porque Db está a un b5 de distancia de G.

La sustitución tritonal de F7 es B7, porque B está a un b5 (tres tonos) de distancia de F.

El concepto clave para entender cómo funciona esta sustitución es recordar que tenemos "permitido" agregar *cualquier* cantidad de tensión a un acorde dominante que esté funcionando.

Veamos qué intervalos crean las notas en B7 cuando se tocan sobre un acorde de F7.

F7 (Acorde original)				
B7 (Sustitución b5)	B	D#/Eb	F#/Gb	A
Intervalo formado en relación a F7	b5	b7	b9	3

El acorde de B7 tiene notas muy importantes en común con F7: la 3ra y la 7ma. La 3ra y la 7ma son los intervalos más importantes cuando se define el sonido de un acorde.

La 3ra de B7 (Eb) es la b7ma de F7.

La b7ma de B7 (A) es la 3ra de F7.

Las otras dos notas en el acorde de B7 (B y Gb) forman los intervalos b5 y b9 contra el acorde F7 respectivamente. Estas dos notas son grandes tensiones para introducir en un acorde dominante funcional.

Tocando un arpegio B7 sobre el acorde de F7, un solista sugiere el acorde de F7b5b9.

Esta regla funciona para cualquier acorde dominante funcional.

La sustitución tritonal es una sustitución importante en los solos de jazz, y también se usa como recurso de composición para las melodías y progresiones armónicas.

Una característica de usar la sustitución tritonal en una progresión armónica es que crea una *línea de bajo cromáticamente descendente*.

Por ejemplo, en vez de la progresión Cm7 – F7 – BbMay7, tocando la sustitución tritonal de F7 (B7), la secuencia de acordes ahora desciende Cm7 – B7 – BbMay7.

Esto puede escucharse en la siguiente secuencia.

Ejemplo 12a:

Ambas secuencias de acordes *funcionan* de la misma forma musicalmente, pero suenan muy diferente.

Las siguientes canciónes presentan una sustitución tritonal en su construcción armónica. La sustitución tritonal puede ser reconocida por su línea de bajo cromáticamente descendente.

- *The Girl from Ipanema* (Gm7 - Gb7 - F)

- *Footprints* (Gbm7b5 - F7#11 - E7)

- *Have You Met Miss Jones?* (BbMay7 - A7 - Abm7) and (GbMay7 - F7 - Em7)

Toca a través de los acordes de la sustitución tritonal usando las siguientes formas:

Los arpegios para estas formas pueden ser tocados de la siguiente manera:

Cm7   B7   BbMaj7

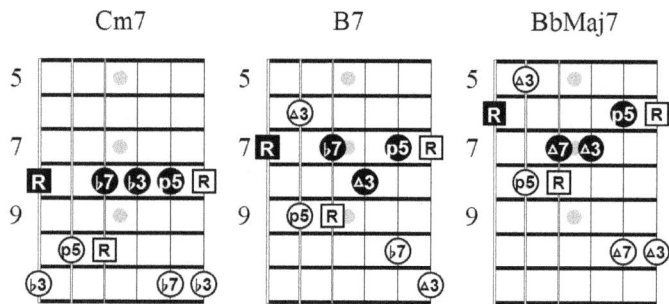

Cuando estés aprendiendo a usar las sustituciones tritonales en tus solos, será útil mantener tus melodías en las cuerdas más altas de la guitarra. Esto te ayuda a oír las extensiones alteradas para el acorde F7 en su registro más alto.

Los siguientes ejercicios te ayudarán a comenzar a explorar el sonido único de la sustitución tritonal en un ii V I. La pista de acompañamiento está tocando la secuencia Cm7 - F7b5 - BbMay7, pero estamos sustituyendo un arpegio B7 sobre el acorde F7b5.

Ejemplo 12b: (Negras)

Ejemplo 12c: (Corcheas)

Ejemplo 12d: (Notas de aproximación cromática)

Cualquier acorde dominante funcional puede ser precedido por *su* acorde iim7, y esto también aplica a la sustitución tritonal. A menudo oirás a los solistas tocando la sustitución tritonal *y* el acorde ii que normalmente precedería a su sustitución. La regla es:

Cualquier acorde dominante puede ser precedido por un acorde m7 una 5ta hacia arriba.

En los ejemplos anteriores, el acorde F7 original es sustituido por un B7 y el acorde ii de B7 es F#m7.

Esto significa que, en vez de simplemente tocar un arpegio F7 en el compás dos, podemos tocar F#m7 y B7.

Escrito se ve así:

El B7 es la sustitución b5 de F y el F#m7 es el acorde ii del B7.

Podría parecer extraño tocar F#m7 sobre F7, pero para ver qué intervalos forman las notas de arpegio de F#m7 sobre el acorde F7 original, échale un vistazo a la siguiente tabla.

F7 (Acorde original)				
F#m7 (acorde ii de sustitución b5)	F#/Gb	A	C#	*E*
Intervalo formado en relación a F7	b9	3	#5	*7 natural*

El único tono por el que deberías ser levemente precavido cuando uses esta sustitución es el E, porque forma un 7 natural que choca con el b7 en el F7. De todas formas, dado que estas sustituciones son normalmente tocadas bastante rápidamente, cualquier choque queda inmediatamente resuelto, de manera que no habrá mayor problema siempre y cuando no te "sientes" sobre el E por un largo período de tiempo. Si lo deseas, podrías simplemente tocar una *tríada* menor F# (F# A C#) y evitar completamente el E natural.

El arpegio F#m7se toca de la siguiente manera:

Agrega este arpegio a los ejercicios de práctica.

Ejemplo 12e:

Ejemplo 12f:

Ejemplo 12g:

Ejemplo 12h:

Esta combinación de sustituciones podría sonar un poco "rara" para comenzar, de manera que incorporarlas a tu interpretación puede llevar tiempo.

Más adelante, también podremos tocar arpegios 3-9 extendidos en los acordes Cm7 y BbMay7.

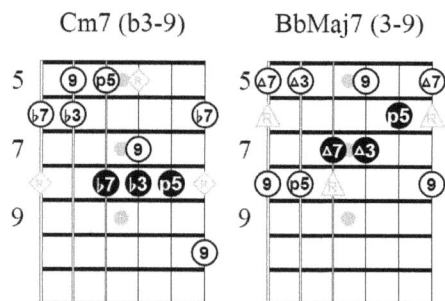

Cm7 (b3-9)   BbMaj7 (3-9)

Aquí tienes solo un ejemplo de todos estos arpegios en conjunto.

Ejemplo 12i:

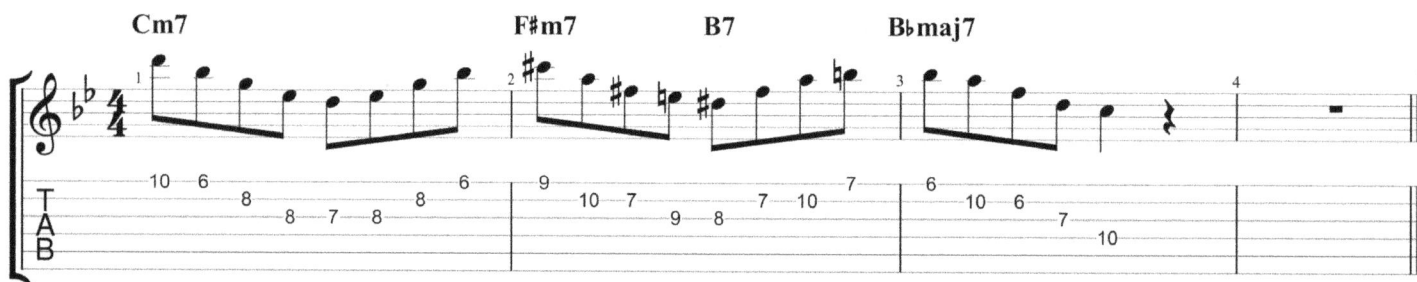

La sustitución tritonal es un recurso muy importante en el jazz, y deberías tomarte el tiempo necesario para familiarizarte con ella. Examinaremos algunos ejemplos más de su uso en el siguiente capítulo.

La sustitución tritonal puede ser usada *en cualquier lugar* donde haya un acorde dominante funcional (no solo en una ii V I). Un lugar común donde se puede escuchar es en el compás cuatro de un jazz blues dirigiéndose al acorde IV.

Los primeros ocho compases del jazz blues normalmente se ven así:

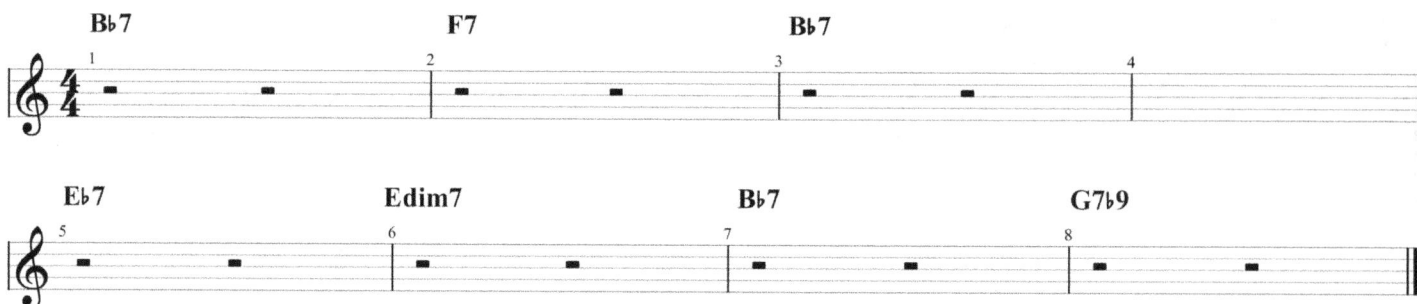

En el compás cuatro, el Bb7 actúa como el acorde dominante de Eb7. La sustitución tritonal de Bb7 es E7, de manera que podemos sustituir el Bb7 en el compás cuatro por un E7 y luego usar un arpegio E7 en ese punto. El E7, entonces, puede ser precedido por *su* acorde ii (Bm7), de manera que la progresión se convierte en esto:

Intenta usar estas sustituciones sobre una pista de acompañamiento de un jazz blues.

Capítulo 13 – III7 biii ii bII7 I

Esta progresión puede ser escuchada en las *pistas de acompañamiento 13 y 14*.

Centro tonal: Bb mayor

Esta progresión es una sustitución para el turnaround I VI ii V. Los dos compases finales forman una ii V I en el acorde tónico de BbMay7 y usan la idea de sustitución tritonal que fue enseñada en el capítulo anterior. Esta idea es común en la música de Joe Pass y George Benson.

Los acordes en el compás uno son sustituciones para los acordes I y VI en la progresión del turnaround I VI ii V original. Se necesita un poco de teoría para entender cómo son derivados estos acordes.

Para este momento, deberías estar cómodo con la idea de que el acorde D*m*7 es una sustitución común para BbMay7, y puede ser visto como un BbMay9 sin fundamental. Los músicos de jazz frecuentemente alteran la *calidad* de cualquier acorde en una progresión. En este caso, el acorde original BbMay7 ha sido sustituido por un acorde D*m*7 y luego el acorde D*m*7 ha sufrido un cambio en su calidad a uno de séptima dominante.

En la segunda mitad del compás uno, el Dbm7 puede ser visto como una sustitución tritonal para lo que originalmente hubiera sido el acorde G7.

Has aprendido en el capítulo 12 que normalmente esperaríamos que la sustitución tritonal sea tocada como un acorde de séptima dominante (al igual que en el compás cuatro) pero, una vez más, la calidad ha sido cambiada. Esta vez, el cambio es desde un acorde de *séptima dominante* a un acorde m7. Tocar un arpegio Dbm7 sobre un acorde G7 crea un sonido G13b5b9.

El resultado de todas estas sustituciones es que una progresión cromáticamente descendente es creada desde el acorde III (D7) bajando hasta el acorde I.

Vale la pena tener en cuenta que, debido a que la calidad de *cualquiera* de los acordes en esta secuencia pueden ser cambiados, podrías tocar cada acorde en los primeros cuatro compases como un m7, uno de séptima dominante o hasta uno de séptima dominante modificado.

Una última cosa para tener en mente cuando abordes esta secuencia como solista, es que la progresión de este capítulo ya es un conjunto de sustituciones bastante complejo para un simple turnaround I VI ii V:

Debido a que ahora estamos tocando sustituciones complejas en nuestro solo, y la sección de ritmo seguirá tocando la secuencia de acordes original, no hay necesidad de tocar ideas sustituidas *adicionales*. El oyente ya está escuchando sustituciones interesantes.

Lo mejor que puedes hacer es apegarte a las ideas simples y rítmicamente fuertes que delineen de manera clara a los arpegios entre paréntesis.

Comienza aprendiendo los acordes que formarán la base de la secuencia de arpegios.

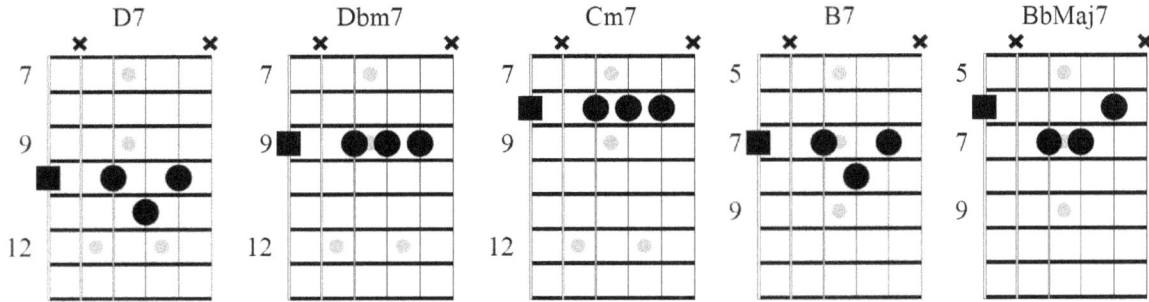

Aunque podríamos aprender esta progresión sólo en una posición en el diapasón, aprender esta secuencia descendente es mucho más sencillo. Te permitirá oír los cambios más fácilmente y evita muchos movimientos de arpegio complejos que se llevarían a cabo si la progresión fuera aprendida en un área pequeña.

Cuando tengas confianza con estas formas de acordes, aprende sus arpegios asociados:

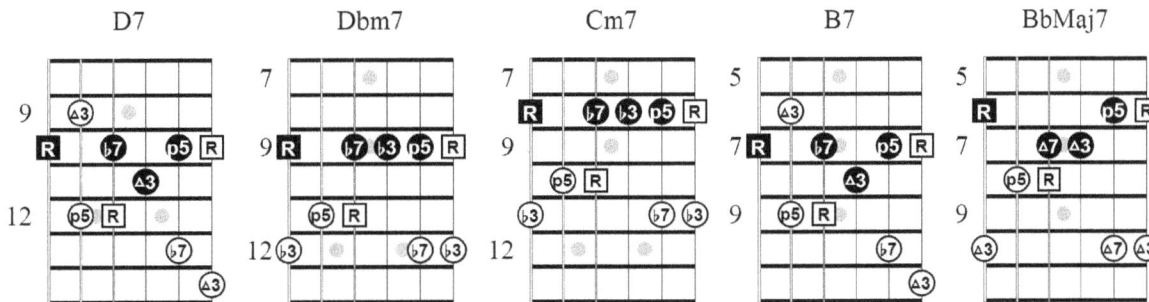

Al igual que con las ideas del capítulo 12, te será útil enfocarte en aprender estos arpegios en las cuerdas más altas, de manera que las extensiones y modificaciones de los acordes originales puedan ser oídas claramente.

Hay dos pistas de acompañamiento para este capítulo. La primera tiene la secuencia de acordes tal como es, y la segunda tiene la progresión I VI ii V *original,* para que puedas escuchar por completo el efecto de estas sustituciones.

Comienza usando negras para encontrar caminos entre cada arpegio.

Ejemplo 13a:

Ejemplo 13b: (Agrega corcheas)

Ejemplo 13c: (Todo con corcheas)

Es posible introducir algunos otros ritmos interesantes a estos cambios.

Ejemplo 13d:

Ejemplo 13e:

Luego, agrega ideas cromáticas entre los cambios.

Ejemplo 13f:

Ejemplo 13g:

Finalmente, usemos las sustituciones 3-9 en los acordes Cm7 y BbMay7.

Cm7 (b3-9)   BbMaj7 (3-9)

Ejemplo 13h:

Ejemplo 13i:

Las sustituciones en este capítulo son bastante avanzadas y requieren mucha práctica antes de que pasen a ser parte de la práctica rutinaria. A pesar de que los ejercicios son importantes para aprender la teoría y la aplicación de sustituciones, el beneficio real de largo plazo es auditivo.

El máximo objetivo es ser capaz de *oír* cómo estas sustituciones suenan en contexto de manera que tengas libertad para crear melodías sin preocuparte sobre los arpegios y la teoría.

Cuando estés listo, aplica las ideas de este capítulo a la siguiente área del diapasón:

D7   Db7   Cm7   B7   BbMaj7   BbMaj7

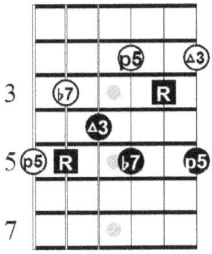
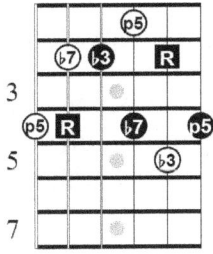

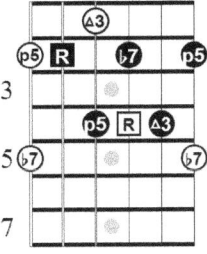
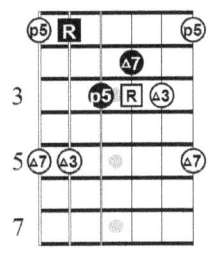
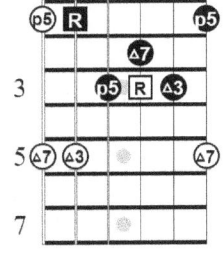

Capítulo 14 – Más progresiones

Aunque he intentado ser tan detallista como pude con respecto a las progresiones armónicas de jazz, desafortunadamente existen algunas secuencias que no he tenido espacio para incluir. Los ejemplos dados en la parte principal de este libro deberían ser tu prioridad, pero hay algunas otras grandes progresiones que deberías tener en cuenta.

Lo que sigue es un breve resumen de estas progresiones armónicas. Espero que luego de trabajar sobre este libro puedas aplicar los métodos enseñados para dominar rápidamente estas nuevas progresiones.

Puente de cambios de ritmo

Esta es una progresión armónica extremadamente común porque es la sección del medio de cualquier canción con cambios de ritmo tal como as *I Got Rhythm* u *Oleo*. Esta secuencia no tiene un capítulo para sí misma porque la mayoría de la progresión fue cubierta en el capítulo 2.

III7	VI7	II7	V7
D7	G7	C7	F7

Movimiento de fundamental descendente en un acorde menor

Esta secuencia es llevada a cabo en bastantes canciones menores tales como *My Funny Valentine* y *Yesterdays*, donde hay un período prolongado en un acorde menor. La idea es que la fundamental del acorde (en este caso Bb) desciende de a un semitono por vez en cada compás.

Bbm   Bbm(maj7)   Bbm7   Bbm6

Bbm Bbm(Maj7) Bbm7 Bbm6

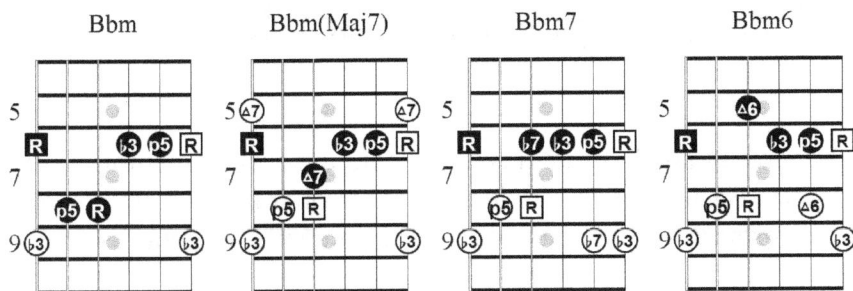

Cambios Ladybird

Este es un turnaround poco usual que se hizo famoso por el estándar de jazz denominado Ladybird.

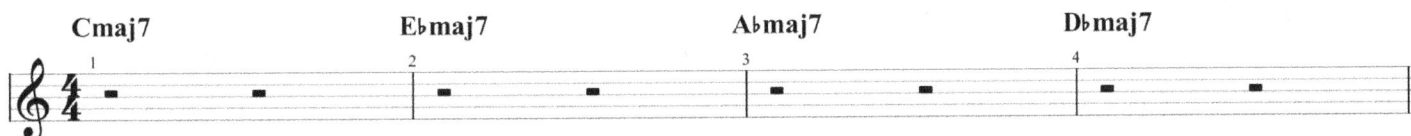

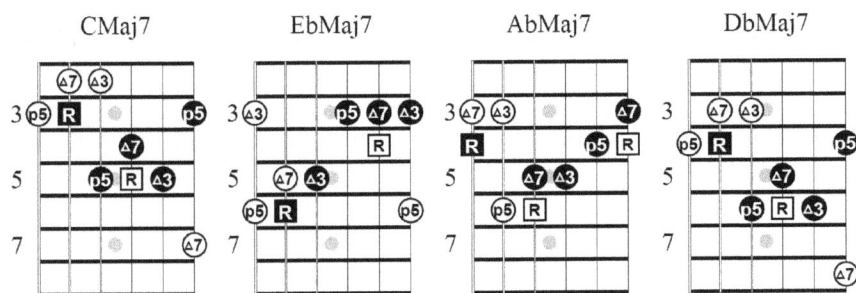

Cmaj7 Ebmaj7 Abmaj7 Dbmaj7

CMaj7 EbMaj7 AbMaj7 DbMaj7

De las tres secuencias de acordes en este capítulo, definitivamente vale la pena pasar algún tiempo sobre las primeras dos, ya que surgen regularmente en los estándares de jazz. Aplica el enfoque metódico que has aprendido en este libro y asegúrate de aislar los cambios en pequeños grupos de cuerdas antes de tocar líneas más largas, agregar notas cromáticas y formar melodías.

El secreto real consiste en escuchar y transcribir lo que tus músicos favoritos tocan en estos cambios. Su elección de notas algunas veces te sorprenderá, pero a menudo el análisis de su interpretación te puede abrir muchas puertas interesantes como intérprete.

Si no hay nada más, escucha *cuándo* los grandes del jazz tocan sus frases e intenta emularlas.

Hay muchas otras grandes maneras de trabajar sobre la interpretación de los cambios, y el siguiente capítulo te da algunas ideas para practicar, que son muy útiles cuando desarrolles tus oídos y conocimiento del diapasón.

Capítulo 15 – Ejercicios para practicar cambios

Las ideas para practicar de este capítulo son algunas guías y estrategias útiles para ayudarte a memorizar los cambios de acorde, arpegios y sonidos importantes. Básicamente se reducen a desarrollar tu conocimiento del diapasón siendo muy específicos sobre qué tonos estarás tocando en cada acorde y cuándo los estás tocando.

Cada arpegio en este libro se muestra en una tabla de notas del diapasón con cada intervalo del arpegio marcado. Las fundamentales se muestran como cuadrados, y los otros tonos de arpegios se muestran como círculos.

Como ya sabes, ciertas notas son sonidos más fuertes cuando se trata de deletrear los acordes en tu interpretación, los tonos más importantes en cualquier acorde son el 3ro y el 7mo.

Tocando intervalos específicos de un acorde en nuestra práctica, no sólo desarrollamos nuestras habilidades con el diapasón, sino que también desarrollamos nuestros oídos. Nunca aprenderás a tocar música simplemente mirando los gráficos de una página. La música debe ser escuchada y *sentida*. ¿Sabes cómo se *siente* una 9na sobre un acorde mayor?

Los siguientes ejercicios te ayudarán a conectar tus oídos con tu guitarra.

Las ideas para practicar en esta lista han sido elegidas cuidadosamente. Puede que te lleve meses o años trabajar sobre ellas, y hasta a los mejores músicos les va a costar tocarlas todas. No es que sean imposibles, simplemente forman parte de una gran tarea.

Comienza seleccionando una secuencia de acordes o canción con la que estés familiarizado, pon una pista de acompañamiento y luego explora las siguientes ideas:

- Toca sólo la fundamental de cada acorde en el tiempo uno.

- Toca sólo la 3ra de cada acorde en el tiempo uno.

- Toca sólo la 7ma de cada acorde en el tiempo uno.

- Toca sólo la 5ta de cada acorde en el tiempo uno.

- Toca sólo la 9na de cada acorde en el tiempo uno (natural o b9/#9 en un dominante funcional).

- Toca la 3ra y luego la 7ma.

- Toca la 7ma y luego la 3ra.

- Toca la 3ra y 7ma juntas como parte de un mini acorde.

- Toca la fundamental, la 3ra y la 7ma juntas como un acorde.

- Toca un semitono por debajo de la fundamental y luego la fundamental de cada acorde (prueba esto con la nota de aproximación del semitono en el tiempo inacentuado del compás anterior y cae sobre la fundamental en el tiempo uno).

- Repite el paso anterior, pero toca un semitono por debajo del objetivo en el tiempo y toca el objetivo fuera del tiempo.

- Repite los dos pasos anteriores con la 3ra, luego la 7ma y finalmente la 5ta.

- Toca un semitono por debajo del objetivo, un *tono de escala* por encima del objetivo y luego finalmente toca el objetivo.

- Repite todos los pasos anteriores pero esta vez ten como objetivo el tiempo dos del compás.

- Repite, pero ten como objetivo el tiempo tres del compás.

- Repite, pero ten como objetivo el tiempo cuatro del compás.

- Toca la fundamental ascendiendo desde dos semitonos más abajo como corcheas. Por ejemplo, aborda la nota C con la secuencia Bb, B, C.

- Repite el paso anterior pero aborda la 3ra.

- Apunta a la 7ma.

- Apunta a la 5ta.

- Apunta a la 9na.

- Toca la 3ra, 7ma y 9na como una secuencia (#9 o b9 en un dominante).

- Toca la 7ma, 3ra y 9na como una secuencia.

- Repite los dos pasos anteriores con los intervalos tocados como un acorde.

- Desciende a través de los arpegios tan lejos como puedas llegar.

- Asciende a través de los arpegios tan lejos como puedas llegar.

- Toca cuatro corcheas, un silencio de corchea y continúa esta secuencia para crear algunas grandes ideas de desplazamiento.

- Toca frases de dos corcheas.

- Toca frases de tres corcheas.

- Toca frases de cinco corcheas.

- Toca frases de un compás comenzando en el tiempo dos.

- Toca frases de un compás comenzando en el tiempo tres.

- Toca frases de un compás comenzando en el tiempo cuatro.

- Repite los tres pasos anteriores comenzando en los tiempos inacentuados (el "y" de cada tiempo).

Esta lista te da algunos grandes indicios para tu práctica. Te recomiendo que elijas una idea y la practiques de manera sólida sobre una canción por un rato antes de pasar a una idea diferente en la misma canción. Incorpora algunos de estos ejercicios a tu rutina de práctica actual y comenzarás a oír los beneficios rápidamente.

Si una idea es muy difícil intenta con una diferente, pero ten cuidado de ser objetivo sobre qué es lo que constituye un ejercicio desafiante y qué es lo que está un poco más allá de tu nivel ahora mismo. Debido a que ya estás trabajando en los solos sobre los cambios en el jazz, te diría que los primeros quince ejercicios deberían estar casi en el nivel justo.

Practica en pequeñas "ráfagas". Configura un temporizador por quince minutos y asegúrate de parar cuando suene la alarma. Tómate un descanso y vuelve para otra sesión más adelante.

Filma tu práctica. No solo te preparará para tocar en vivo, sino que también te ayudará a evaluar tu progreso. No mires la grabación por un día, esto te ayudará a ser objetivo y no ser pasional con respecto a tu interpretación.

Ve despacio, aprenderás más y ganarás más confianza haciendo una sola cosa bien que haciendo muchas cosas pésimamente.

Transcribe, escucha y sonríe cuando tocas.

Conclusiones

Este libro ha cubierto los cambios de acorde más comunes con los que te encontrarás como guitarrista de jazz. Aunque existen, por supuesto, otras secuencias que se llevan a cabo, te sorprenderá la cantidad de veces que te enfrentarás a estos cambios fundamentales en la guitarra de jazz.

Cuando te encuentres con nuevos cambios de acorde, a menudo éstos serán una sustitución o progresión que ya ha sido cubierta en este libro. Lo primero que debes hacer es observar el contexto en que los cambios son tocados. Por ejemplo, si la nueva secuencia de acordes está en los últimos dos o cuatro compases de una canción, entonces probablemente se trate de algún tipo de sustitución para una progresión ii V I, una I VI ii V o una iii VI ii V. Este no siempre será el caso, pero es una buena forma de comenzar.

Si sospechas que una nueva secuencia de acordes es una sustitución para un turnaround, fíjate qué intervalos formarían las notas en la nueva secuencia sobre los cambios originales, de la misma forma en que lo hicimos en el capítulo 14.

El movimiento cromático del bajo a menudo es un signo de una sustitución tritonal, y no debes olvidar que también se usa el acorde iim7 de la sustitución.

Observa el movimiento del bajo entre los acordes *dominantes* en una secuencia compleja, y en caso de que el movimiento sea cromático entre los dominantes y haya acordes m7 entre cada dominante, entonces probablemente se trate de una secuencia de sustituciones tritonales con el iim7 de cada uno agregado.

Frecuentemente verás que en el *Real Book* aparecen "cambios alternos" escritos por encima de una simple progresión armónica. Una gran forma de aprender una sustitución de acordes es pasar tiempo descubriendo cómo las sustituciones escritas se relacionan con los acordes originales.

Si una progresión armónica te es completamente nueva, los métodos que se muestran en este libro deberían permitirte dominarla rápidamente. El secreto es enfocarse en tocar los arpegios sobre un área muy pequeña de dos cuerdas. Mueve el grupo de dos cuerdas de a poco a través de las cuerdas antes de pasar a los grupos de tres y cuatro cuerdas.

Enfocarte en un área tan pequeña podría parecer una exageración, pero te prometo que aprenderás e internalizarás los cambios mucho más rápidamente de esta forma.

Gradualmente comienza a "unir los puntos" con notas de aproximación cromática y luego agrega algunas corcheas en el tiempo cuatro. A medida que trabajes sobre más y más canciones, este proceso te llevará cada vez menos y menos tiempo. Antes de que lo notes, serás capaz de tocar un solo de tono de acorde convincente sobre cualquier tabla estándar de jazz que tengas a la vista. Cuanto más hagas, más rápidamente podrás reconocer las progresiones similares que aparecen una y otra vez.

Recuerda practicar *melodía y ritmo*. Separa tus frases para agregar interés y musicalidad a tus solos. El bebop, en el peor de los casos, puede convertirse en una competencia para ver quién puede tocar el mayor torrente de corcheas.

Escucha a los artistas que te gustan y toma nota de dónde hacen pausas entre frases. El bebop es una forma de arte que se desarrolló en saxofones y trompetas. Lo que tienen en común estos instrumentos es que el intérprete necesita respirar para poder tocar una frase de música, de manera que los intérpretes de instrumentos de metal tienen una ventaja natural de fraseo.

Como guitarristas, que nuestras líneas no dependan de nuestra necesidad de respirar tiene sus pros y sus contras. Es fácil olvidarse de separar nuestras líneas para que pasen a ser frases humanas. Escucha a los grandes intérpretes de saxofón y trompeta si quieres escuchar cómo suena el fraseo del bebop.

Otros intérpretes modernos tales como Pat Martino tocan líneas extremadamente largas de corcheas y semicorcheas. De todas formas, estas líneas son articuladas con un control de punteo y dinámica impresionantes. Estas líneas más largas tienen una estructura interna que es extremadamente difícil de reproducir.

A muchos guitarristas y tecladistas les gusta cantar las líneas que tocan. Esto no solo nos ayuda a conectar nuestros oídos con nuestros dedos y guitarra, sino que también nos *fuerza* a dejar de tocar cuando tomamos aire. George Benson es un maestro en este aspecto.

El mejor consejo que puedo darte es que trabajes sobre estos ejercicios en conjunto con la transcripción de grandes solos que usan estos cambios.

Siempre deberías trabajar sobre una transcripción, aún si es solo por cinco minutos al día. También existen ahora muchas transcripciones de las interpretaciones de los grandes artistas en alta calidad. Yo siempre tengo una transcripción de Joe Pass o Wes Montgomery en mi atril, y tratar de dominar su fraseo probablemente conforma la mayor parte de mi práctica estos días.

Fundamentalmente, los ejercicios de este libro te enseñarán dónde están las notas "correctas" en la guitarra y cómo estructurar tu solo en torno a ellas. Comprender cómo se usa verdaderamente el *vocabulario* del jazz es una habilidad muy distinta.

Este libro te proporciona el esqueleto fundamental de la construcción del solo de jazz y, a pesar de que este tipo de práctica es esencial, lo que transformará estos ladrillos de construcción en música que tenga vida propia será transcribir y aprender los solos de los maestros.

¡Diviértete!

Joseph

Sé social

Para cientos de clases de guitarra gratuitas, echa un vistazo a **www.fundamental-changes.com**

Únete a otras más de 10.000 personas que están obteniendo seis clases de guitarra gratuitas diariamente en Facebook:

www.facebook.com/FundamentalChangesInGuitar

FB: FundamentalChangesInGuitar

Instagram: FundamentalChanges

Otros libros de Fundamental Changes

Guía completa para tocar guitarra blues - Libro 1: Guitarra rítmica

Guía completa para tocar guitarra blues - Libro 2: Fraseo melódico

Guía completa para tocar guitarra blues - Libro 3: Más allá de las pentatónicas

Guía completa para tocar guitarra blues - Compilación

El sistema CAGED y 100 licks para guitarra blues

Cambios fundamentales en guitarra jazz: ii V I mayor

Dominio del ii V menor para guitarra jazz

Solos de jazz blues para guitarra

Escalas de guitarra en contexto

Acordes de guitarra en contexto

Dominio de los acordes en guitarra jazz (Acordes de guitarra en contexto - Parte 2)

Técnica completa para guitarra moderna

Dominio de la guitarra funk

Teoría, técnica y escalas - Compilación completa para guitarra

Dominio de la lectura a primera vista para guitarra

El sistema CAGED y 100 licks para guitarra rock

Guía práctica de la teoría musical moderna para guitarristas

Lecciones de guitarra para principiantes: Guía esencial

Solos en tonos de acorde para guitarra jazz

Guitarra rítmica en el heavy metal

Guitarra líder en el heavy metal

Solos pentatónicos exóticos para guitarra

Continuidad armónica en guitarra jazz

Solos en jazz - Compilación completa

Compilación de acordes para guitarra jazz

Fingerstyle en la guitarra blues

Solos en rock melódico para guitarra

Pop y rock para ukelele: Rasgueo